T0193974

essentials

essentials liefern aktuelles Wissen in konzentrierter Form. Die Essenz dessen, worauf es als „State-of-the-Art" in der gegenwärtigen Fachdiskussion oder in der Praxis ankommt. *essentials* informieren schnell, unkompliziert und verständlich

- als Einführung in ein aktuelles Thema aus Ihrem Fachgebiet
- als Einstieg in ein für Sie noch unbekanntes Themenfeld
- als Einblick, um zum Thema mitreden zu können

Die Bücher in elektronischer und gedruckter Form bringen das Expertenwissen von Springer-Fachautoren kompakt zur Darstellung. Sie sind besonders für die Nutzung als eBook auf Tablet-PCs, eBook-Readern und Smartphones geeignet. *essentials:* Wissensbausteine aus den Wirtschafts-, Sozial- und Geisteswissenschaften, aus Technik und Naturwissenschaften sowie aus Medizin, Psychologie und Gesundheitsberufen. Von renommierten Autoren aller Springer-Verlagsmarken.

Weitere Bände in der Reihe http://www.springer.com/series/13088

Claudia Stöhler

Fit für das Projektmanagement

Moderne Lehrformate an der Hochschule

Claudia Stöhler
Fakultät für Produktion und
Betriebsorga, Hochschule Ulm
Ulm, Deutschland

ISSN 2197-6708   ISSN 2197-6716   (electronic)
essentials
ISBN 978-3-658-26249-5   ISBN 978-3-658-26250-1   (eBook)
https://doi.org/10.1007/978-3-658-26250-1

Die Deutsche Nationalbibliothek verzeichnet diese Publikation in der Deutschen Nationalbibliografie; detaillierte bibliografische Daten sind im Internet über http://dnb.d-nb.de abrufbar.

Springer Gabler

Springer Gabler ist ein Imprint der eingetragenen Gesellschaft Springer Fachmedien Wiesbaden GmbH und ist ein Teil von Springer Nature
Die Anschrift der Gesellschaft ist: Abraham-Lincoln-Str. 46, 65189 Wiesbaden, Germany

Was Sie in diesem *essential* finden können

- Status quo Projektmanagement in der akademischen Aus-und Weiterbildung
- Kompetenzorientiertes Lehren und Prüfen von Projektmanagement
- Was Projektmanagement Kompetenz heute ist
- Inhaltsdimension: Welche Inhalte sollten im Studium vermittelt werden
- Prozessdimension: Acht moderne Praxisbeispiele an Hochschulen
- Ein *essential* und Impulsgeber für die Gestaltung von Lehrveranstaltungen, in denen Kompetenzen für Projektmanagement im späteren Berufsfeld aufgebaut werden.

Inhaltsverzeichnis

Projektmanagement in der akademischen Aus-und Weiterbildung

Der Bildungsauftrag der Hochschulen, wie er vom Akkreditierungsrat 2013 festgelegt wurde, fordert von allen Lehrenden eine exzellente Ausbildung zukünftiger Fach- und Führungskräfte. Hochschulen sollen ihre Studierenden zu wissenschaftlicher oder künstlerischer Befähigung führen, sie befähigen eine qualifizierte Erwerbstätigkeit aufzunehmen, zum gesellschaftlichen Engagement anleiten und schließlich zu ihrer Persönlichkeitsentwicklung beitragen (Akkreditierungsrat 2013).

Dieses Buch versteht sich als Impulsgeber für die Gestaltung von Lehrveranstaltungen, in denen Kompetenzen für erfolgreiches Projektmanagement im Beruf vermittelt werden. Hierfür wird zunächst ein kurzer Überblick zum Status quo an deutschen Hochschulen gegeben und anschließend allgemeine Überlegungen zum kompetenzorientierten Lehren und Prüfen ausgeführt. Kapitel eins endet mit Anforderungen an Kenntnisse, die in der akademischen Ausbildung vermittelt werden sollten, die in Kapitel zwei, der Inhaltsdimension, näher betrachtet werden. Kapitel drei zeigt verschiedene moderne Methoden und Konzepte, die in der Lehre eingesetzt werden und als Ideengeber für die Gestaltung der eigenen Lehrveranstaltung dienen können.

Herzlichen Dank für die vielen inhaltlichen Beiträge und wertvollen Diskussionen für dieses Buch an: Patrick Balve, Lars Brehm, Tim Commans, Andre Dechange, Birgit Enzmann, Dorothe Feldmüller, Holger Günzel, Susanne Marx, Harald Wehnes, Siegfried Zürn und die Fachgruppe „PM an Hochschulen" der Deutschen Gesellschaft für Projektmanagement e. V., sowie an das Lektorat von Karin Siepmann und Ulrike Lörcher vom Springer Verlag.

© Springer Fachmedien Wiesbaden GmbH, ein Teil von Springer Nature 2019
C. Stöhler, *Fit für das Projektmanagement,* essentials,
https://doi.org/10.1007/978-3-658-26250-1_1

1.1   Status quo der PM-Bildung

Ein Blick in die Stellenportale, wie www.Stepstone.de zeigt, dass Kenntnisse im **Projektmanagement als Kernkompetenz, nicht nur den projektgetriebenen Brachen** wie Bauwesen oder Informatik, von Studienabgängern erwartet werden. Stand März 2019 sind rund 13.000 offene Stellen im Projektmanagement dort gelistet. Studien zur Projekttätigkeit in Deutschland, wie beispielsweise von der GPM e. V. (2015) „Makroökonomische Vermessung der Projekttätigkeit in Deutschland", beziffert sie über alle Wirtschaftsbereiche hinweg auf 34,7 %. Laut PMI's „Job Growth and Talent Gap Report" werden Arbeitgeber bis 2027 87,7 Mio. Menschen benötigen, die in projektmanagement-orientierten Funktionen arbeiten, was den Bedarf an qualifizierten und erfahrenen Projekt- und Programmmanagern erhöht (PMI 2017).

Als eigenständiges Gebiet ist Projektmanagement an Universitäten nur mit wenigen Professuren präsent (z. B. Kassel, Bremen, Berlin), obwohl gerade hier besonders viele (Forschungs-)Projekte stattfinden. **An den Hochschulen für angewandte Wissenschaften besteht eine deutlich größere Verbreitung,** sodass dort flächendeckend in verschiedensten Ausprägungen Projektmanagement vertreten ist (Stöhler 2017). Häufig sind im Curriculum der Studiengänge Projektarbeiten zu finden, die mit anderen Lehrveranstaltungen verschränkt sind. Hier kann von einem Kanon gesprochen werden (Stöhler et al. 2018), wie in Abb. 1.1 zu sehen. In Kapitel drei wird ein Beispiel hierzu vorgestellt, wo an der Hochschule Heilbronn in einer „Lernfabrik für Ingenieure" in einem Semesterprojekt ein Produkt in einer Kleinserie in der hochschuleigenen Fabrik hergestellt wird. So werden theoretische Grundlagen in Vorlesungen vermittelt und durch die Projektarbeit praktische Fachkenntnisse in der Produktionstechnik, als auch im Projektmanagement trainiert.

Alle Studiengänge in Deutschland sind von der Hochschulrektorenkonferenz (HRK) gelistet unter: www.hochschulkompass.de. In den vergangenen Jahren hat ein rasanter Zuwachs stattgefunden. Waren es 2014 noch 17.192, so sind es 19.092 zum WS 17/18. 1370 sind entfallen und 3274 neu hinzugekommen, die Geschwindigkeit der Neueröffnungen hat jedoch abgenommen. Der Schwerpunkt dieser Entwicklung lag im Bereich der weiterführenden Studiengänge, mit insgesamt 1343 Angeboten. Absolut gesehen, legten die Universitäten mit 793 Studiengänge am meisten zu, prozentual gesehen war die Steigerung jedoch bei den Fachhochschulen am größten (+23,1 %). Bei rund einem Drittel der neuen Studiengänge deutet ihr Name auf eine Ausdifferenzierung der Disziplin hin – indem der Studiengang entweder auf einen Teilbereich der Disziplin (z. B.

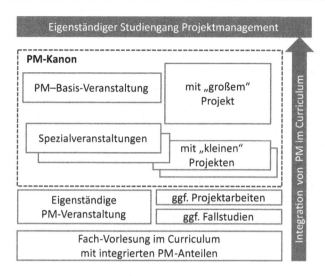

Abb. 1.1 Kanon der PM-Lehre. (Quelle: Stöhler 2017)

Projektmanagement bei den Wirtschaftswissenschaften) oder auf ein bestimmtes Anwendungsfeld (z. B. Projektmanagement im Großanlagenbau) fokussiert (Hachmeister 2017).

Mit inzwischen 2,9 Mio Studierenden in 2018 hat sich der **Anspruch an eine Hochschulausbildung** gegenüber dem Humboldt'schen Bildungsansatz verändert. Zum Vergleich (destati 2018): 1997 waren es 1,8 Mio. und 2011 2,4 Mio. Studierende. Vor 200 Jahren studierte, im Zeitalter der Aufklärung, nur 0,1 % der Bevölkerung. Die Motivation lang im Erkenntnisgewinn, das Studium war generalistisch und verfolgte das Ziel einer beruflichen Entwicklung in den Wissenschaften. Ein Studium war elitär. Heute ist die Ausbildung fachspezifischer, die Studienanfänger sind, nach G8 und dem Wegfall der Wehrpflicht, jünger als im letzten Jahrhundert. Ein erster Studienabschluss mit 21 ist keine Ausnahme, das Durchschnittsalter von 2003 mit 27,9 ist auf 24,1 Jahre in 2016 gesunken (Statistika Studienalter 2018), was maßgeblich an der Umstellung auf Bachelor- und Masterstudiengänge liegt. Der Anteil, der im Berufsleben Studierenden, ist deutlich gestiegen, was sich in stark steigenden berufsbegleitenden Studienangeboten widerspiegelt. Die Eingangskompetenzen der Studienanfänger sind heterogener als je zuvor. Es strebt nur eine Minderheit eine Hochschul- oder Forschungstätigkeit nach dem Studium an. So legten in Deutschland 28.404 Menschen in 2017 eine Promotion ab (Statistika Promotion 2018). Die Vorbereitung/Weiterqualifikation auf eine qualifizierte Berufstätigkeit steht im Vordergrund der Studierenden und für diese ist Projektarbeit nicht mehr wegzudenken.

Die **Abbrecherquote** von 29 % aus dem Jahr 2014 – ermittelt für Studienanfänger der Jahre 2010 und 2011 – hat sich gegenüber früheren Untersuchungen von 2006 und 2009 insgesamt nicht signifikant verändert (Heublein u. a. 2017). Als Hauptgrund wurden in der Studie zu hohe Leistungsanforderungen und die eigene Motivation genannt, gefolgt von finanziellen Gründen. Hier gibt es Unterschiede zwischen Universitäten (von 33 auf 32 %) und Fachhochschulen (von 23 auf 27 %), sowie bei den Fächern. In den Ingenieurswissenschaften sank die Quote drastisch von 48 auf 32 %, was auf eine veränderte Fachkultur insbesondere im Maschinenbau und durch die Wirtschaft geförderte verbesserte Studienbedingungen zurückgeführt wird. Gestiegen sind die Quoten dagegen bei den Rechts-, Wirtschafts- und Sozialwissenschaften. In den Natur- sowie den Geisteswissenschaften veränderten sich die Werte nicht (Heublein u. a. 2017).

Der Deutsche Akademische Austauschdienst (www.daad.de) listet in Februar 2019 109 Bachelor- und 117 Masterabschlüsse mit Projektmanagement im Schlagwort.

Bei genauerer Betrachtung werden 18 Masterabschlüsse im Projektmanagement und sechs Bachelorstudiengänge, sowie ein MBA angeboten. Seit 2018 sind zwei Zertifikatsstudiengänge verfügbar, die als Zusatzqualifikation für Berufstätige gedacht sind, oder um ECTS und Projektmanagement-Kenntnisse in andere Studiengänge einzubringen:

- Otto von Guericke-Universität Magdeburg: Projektmanagement, zwei-semestrig
- Hochschule Augsburg: IT- Projekt- und Prozessmangement, drei-semestig

Die Masterabschlüsse sind mehrheitlich berufsbegleitend und kostenpflichtig (70 %). An der Universität in Limerick/Irland gibt es den einzigen vollkommen virtuellen Master-Studiengang „Master of Science in Project and Programme Management", einem vom Project Managament Institute (PMI) akkreditierten Master Programm in Europa. Eine aktuell gehaltene Liste der PM-Studiengänge ist verfügbar unter http://gpm-hochschulen.de/lehre/pm-studiengaenge/ und in Tab. 1.1 ersichtlich.

Bachelorstudiengänge sind: Projekt- und Prozessmanagement im Fernstudium an der Hochschule Wismar; Internationales Projektmanagement, berufsbegleitend an der Hochschule München; Projektmanagement im Bauwesen mit verschiedenen Schwerpunkten an den Hochschulen in Biberach, Bielefeld/Minden und Mosbach.

Tab. 1.1 PM Masterstudiengänge 2019

Hochschule	Studiengang
Bauhaus-Universität Weimar	Projektmanagement (Bau)
Beuth Hochschule für Technik Berlin	Wirtschaftsingenieurwesen/ Projektmanagement
Friedrich-Alexander-Universität Erlangen-Nürnberg	Projektmanagement im Großanlagenbau
GISAM Business School Berlin	Projektmanagement
Hochschule Augsburg	Projektmanagement Bau und Immobilie/ Fassade/Ausbau
Hochschule Augsburg	IT-Projekt- und Prozessmanagement, berufsbegleitend
Hochschule Biberach	Projektmanagement (Bau)
Hochschule Dortmund	European Master in Project Management
Hochschule für Technik Stuttgart	International Projektmanagement
Hochschule für Technik und Wirtschaft Berlin	Project Management and Data Science
Hochschule für Wirtschaft und Recht Berlin	Prozess- und Projektmanagement
Hochschule Heidelberg	Projektmanagement (Bau)
Hochschule Hof	Projektmanagement
Hochschule Landshut	Systems- and Projectmanagement, berufsbegleitend
Hochschule Ludwigshafen	Projektmanagement
Hochschule Merseburg	Projektmanagement
Hochschule Nürtigen-Geislingen	Internationales Projektmanagement berufsbegleitend MBA
IUBH Düsseldorf, München	Projektmanagement im dualen Studium
Otto von Guericke-Universität Magdeburg	Projektleitung und Teamentwicklung
TU Dresden/Zittau	Projektmanagement
Europäische Fachhochschule Rhein/Erft	Digitales Projektmanagement
Technische Hochschule Wildau	Business Administration/ Projektmanagement

Da **Promotionen** im Ausland anders organisiert sind als in Deutschland, werden dort auch PhD-Programme im Projektmanagement angeboten, einige in Kooperation mit Hochschulen in Deutschland (kostenpflichtig und meist dreijährig, bestehend aus Pflichtkursen und Thesis) z. B. Munich Business School mit Sheffield Hallam University. Es gibt auch zwei online-Angebote: „Doctorate in Project Management- OUS Royal Academy of Economics and Technology in Switzerland" und „Doctorado en Proyectos- Fundación Universitaria Iberoamericana (FUNIBER)". Eine Liste der abgeschlossenen Promotionen im Projektmanagement in Deutschland ist verfügbar unter: http://gpm-hochschulen. de/forschung/. Für 2018 konnten 27 gefunden werden, im Mittel sind es dreizig über die letzten zehn Jahre, bei gleicher Suchlogik.

Neben hochschulinternen **Projektmanagement-Zertifikaten** besteht auch die Möglichkeit als Student vergünstigt Zertifikate der Standards zu erwerben: Basiszertifikat oder Level D nach GPM/IPMA, Certificated Associate in Project Management (CAPM) nach PMI, PRINCE2®Foundation, um die drei Großen zu nennen. Ferner sind Zertifikate der agilen Methoden von verschiedenen Anbietern verfügbar und auch TÜV, Refa, IHK und andere Berufsverbände offerieren Angebote.

Für besondere Leistungen in PM-Abschlussarbeiten werden jährlich **Awards** vergeben: Deutscher Studienpreis Projektmanagement, Bundesverband Deutscher Volks- und Betriebswirte e. V. Award und für die Baubranche den DVP-Förderpreis und Studienpreis Bau-Projektmanagement. Für Forschungsarbeiten gibt es den IPMA Research Award und PMI Research & Academic Awards, die international verliehen werden.

Eine gute Möglichkeit zur Gewinnung praktischer Projekterfahrung bieten studentische **Wettbewerbe.** Eine Sammlung ist zu finden unter: www. gpm-hochschulen.de/Awards/Wettbwerbe. An vielen Hochschulen finden Teilnhemen bereits in mehrjähriger Tradition statt und offerieren dabei auch interdisziplinäre Besetzungen und Training im Wissensmanagement – schließlich sollen Erfahrungen an die nachfolgenden Teilnehmergruppen weiter gegeben werden.

Netzwerken im Projektmanagement ist wichtig, daher gibt es unter www. youngcrew.de ein Angebot für Studierende und Berufsanfänger. An den Hochschulen in Aachen, Frankfurt, Hannover, München, Ost-Westfalen und Stuttgart sind lokale Gruppen, die regelmäßig Veranstaltungen für Studierende anbieten. Für Lehrende bieten sich Fortbildungen und Arbeitskreise an, um in den Austausch mit anderen zu kommen z. B.:

- https://www.diz-bayern.de/programm/fachdidaktik-arbeitskreise
- https://www.gpm-ipma.de/know_how/fachgruppen/branchenfokussierende_ fachgruppen/projektmanagement_an_hochschulen.html

Ein Blick in die Studie „JobTrends Deutschland 2016" des Staufenbiel Instituts zeigt: „Im Schnitt ist nur für acht von hundert Arbeitgebern der gute Ruf einer Hochschule besonders relevant. **Die gewählten Schwerpunkte im Studium eines Bewerbers, die Examensnote und die Studiendauer** sind ihnen wichtiger." (Staufenbiel Institut 2016).

Die Unternehmen setzen beim Hochschulmarketing auf Zielhochschulen. Das sind die Hochschulen, die nach ihrer Erfahrung die besten Absolventen hervorbringen, die für ihr Unternehmen relevant sind (Fach- und Einzugsgebiet). Bei diesen engagieren sie sich z. B. über Fördervereine, Kontaktbörsen, Awards und Stiftungen. Aber auch von Vernetzung zu Professoren über gemeinsame Projekte und Abschlussarbeiten sind sie so im „direkten Zugriff" auf **genügend gute Absolventen.** Dem gegenüber steht das Hochschulranking und das Ehrgefühl der Hochschulen über ihre Leitbilder und das Renommee. Wie die Studie zeigt, sind dies von den Hochschulen selbst getriebene Faktoren, verknüpft mit der Gewinnung von: Fördergeldern, Projekten und herausragenden Wissenschaftlern und Studierenden – die jedoch nicht die Masse darstellen, sondern gute und berechtigte Werbeträger sind.

Neben dem erfolgreichen Studium ist für Unternehmen Praxiserfahrung Pflicht. Sie spielt für Arbeitgeber aller Branchen eine große Rolle, 81 % sagen: Erfahrung durch viele Praktika zählt mehr als ein sehr guter Abschluss in der Regelstudienzeit. Handlungskompetenz ist gefragt. Bei den Soft Skills stehen Eigeninitiative und Einsatzbereitschaft ganz oben, auch Leistungsbereitschaft und Kommunikationsfähigkeit sind für den Einstieg ins Berufsleben unerlässlich (Staufenbiel Institut und Kienbaum 2017) – all das sind Kernkompetenzen von Projektmanagern.

1.2 Kompetenzorientiertes Lehren und Prüfen

Studiengänge sollen zur Erfüllung ihres Bildungsauftrags einem roten Faden kompetenzorientierter Modularisierung folgen, die inhaltlich auf das Berufsfeld der jeweiligen Fachrichtung vorbereiten. In der Studiengangskonzeption ist daher eine zeitliche Reihenfolge (Abb. 1.2) der einzelnen Module vorzusehen, die mit einer Entwicklung des Kompetenzniveaus einhergeht (Reis und Ruschin 2007, S. 6–7).

Es ist nun Aufgabe des Lehrenden, aufgrund dessen passende Lehrkonzepte zur Anhebung des Kompetenzniveaus innerhalb des Studiengangs auszuwählen und so auszugestalten, sodass diese Entwicklung begünstigt wird.

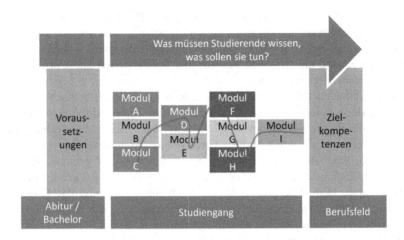

Abb. 1.2   Roter Faden im Studiengang. (Quelle: Stöhler u. a. 2018 nach Reis und Ruschin 2007)

Im Zusammenwirken von Hochschulrektorenkonferenz und Kultusminister-konferenz und in Abstimmung mit Bundesministerium für Bildung und For-schung wurde der **Qualifikationsrahmen für deutsche Hochschulabschlüsse (HQR)** erarbeitet (KMK 2017). Der HQR beschreibt Kompetenzentwicklung im Hochschulkontext als:

1. **Generische Kompetenzentwicklung** ist die Fähigkeit zu reflexivem/innovati-vem Handeln.
2. **Domänenspezifische Kompetenzentwicklung** ist die die Befähigung zur Wissensgenerierung/Innovation mit wissenschaftlichen Methoden. Dies fin-det in fachspezifischen Kontexten disziplinär oder ggf. interdisziplinär orga-nisiert statt. Es wird hier zwischen reflexiver Wissensanwendung (unter Berücksichtigung wissenschaftlicher Erkenntnisse) und kritischer Wissens-generierung (mit wissenschaftlichen Methoden) unterschieden.

Je nach Studienabschluss werden im HQR Kompetenzniveaus für vier Dimensio-nen definiert, die mit Studienabschluss vorliegen sollen:

1. **Fachkompetenz:** Wissen und Verstehen
2. **Methodenkompetenz:** Einsatz, Anwendung und Erzeugung von Wissen

3. **Sozialkompetenz:** Kommunikation und Kooperation
4. **Selbstkompetenz:** Wissenschaftliches Selbstverständnis/Professionalität

Der HQR bindet den Erwerb und die Weiterentwicklung von Kompetenzen an „forschendes Lernen", das hier als wissenschaftlich, forschungsmethodisch, disziplinär und weitgehend selbstgesteuert verstanden wird.

Eine Promotion, zur Projektmethode in der universitären Ausbildung, an der Universität Dortmund in dem Bereich Bauingenieurwesen, erbringt den Nachweis der Wirksamkeit von Projektarbeit für die bessere Vorbereitung auf die Berufspraxis von Bauingenieuren (Junge 2009). Hierin wurden sowohl die Vermittlung von Bau-Fachkenntnissen über die Methode „Projektarbeit" beschrieben, als auch der Kompetenzaufbau im Management von Bauprojekten.

Bei einer an **kompetenzorientierten, lernergebnisorientierten und studierendenzentrierten Lehre** ist es unerlässlich, Lernergebnisse und Kompetenzen so zu beschreiben, dass diese tatsächlich die gewünschten Lernziele umfassen. Die Lehre ist so zu gestalten, dass die Lernergebnisse erreicht werden können und nicht zuletzt sind solche Prüfungsformen zu wählen, die die Lernergebnisse und Kompetenzen auch bestmöglich nachweisen können – Constructive Alignment (Schaper und Hilkenmeier 2013).

Schaper beschreibt ein Vorgehen in sechs Schritten, wie die verschiedenen Elemente einer Lehr-/Lernplanung systematisch konzipiert werden können und dabei das „Alignment" der Elemente gewährleistet werden kann (Schaper und Hilkenmeier 2013):

1. **Kompetenz**
   Kompetenzprofil für einen Absolventen des betreffenden Studiengangs bestimmen. Diese anhand von Leitbildern, Standards oder Curriculum-Analysen und/oder mittels Anforderungs- und Bedarfsanalysen ermitteln.
2. **Ableitung**
   Qualifikationsziele ableiten und formulieren, unter Beteiligung u. a. von Lehrenden, Studierenden und Praxisvertretern.
3. **Lernziele**
   Kompetenzorientierte Lernziele für Studienmodule ableiten und formulieren. Welche Kenntnisse, Fähigkeiten und Einstellungen sollen die Studierenden im Studiengang erwerben?
4. **Taxonomie**
   Lernziele in eine Taxonomie einordnen. Transparentmachen, welche Art von Anforderungen auf welchem Niveau angeeignet werden sollen.

5. **Module**

Studiengangsmodule ableiten und konzipieren. Berücksichtigung des vorgesehenen Workloads der Module und deren Position im Studienverlauf.

6. **Gestaltung**

Module unter Berücksichtigung des Constructive-Alignment-Konzepts gestalten, mit inhaltlichem Fokus auf dem Erwerb zentraler Kompetenzelemente.

Nach Schaper und Hilkenmeier ergibt sich eine Verknüpfung von Inhalts- und Prozessdimensionen (2013). Die Lernziel-Taxonomie von Anderson und Krathwohl (2001, 2002) ist zweidimensional aufgebaut und besteht aus einer horizontalen Prozessdimension, die sechs kognitive Prozessstufen beschreibt und eine Weiterentwicklung des Modells nach Bloom ist und einer vertikalen Inhaltsdimension, die sich auf vier Wissensarten bezieht.

Die erste Inhaltskategorie, „Fachliches Wissen und Prozeduren", deckt drei der vier Wissensdimensionen von Anderson und Krathwohl (2001) ab und bildet damit den inhaltlichen Kern der kognitiven Kompetenzfacette. Drei Subkategorien gehören zu diesem Kompetenzbereich:

- Unter **„Faktenwissen"** fällt (isoliertes) Detailwissen einer Fachdisziplin, aber auch die Beherrschung von Fachbegriffen.
- Die mentale Repräsentation von Verknüpfungen entsprechender Wissenselemente bzw. Fakten, bspw. über deren Einordnung in Modelle oder Klassifikationssysteme, wird als **„konzeptuelles Wissen"** bezeichnet.
- Wissen über fachspezifische Verfahrensweisen und Ablaufstrukturen, bspw. wie die Modelle anzuwenden sind, gehört in den Bereich des **„prozeduralen Wissens".**

Die zweite Inhaltskategorie bezieht sich auf Werte und Haltungen bzw. Beliefs, als handlungsrelevante Kompetenzaspekte, die normative und einstellungsbezogene und damit auch motivational relevante Facetten professionellen Handelns repräsentieren.

Die Inhaltskategorie mit dem höchsten Allgemeinheitsgrad, hier als „Fachübergreifendes Wissen und Fähigkeiten" bezeichnet, beinhaltet zum einen die Sub-Kategorie des Metakognitiven Wissens. Zum anderen bezieht diese Kategorie auch sozial-kommunikative Fähigkeiten mit ein.

In Abb. 1.3 sind die Prozess- und Inhaltsdimensionen in Bezug zum Projektmanagement dargestellt, wie sie die Autorin sieht. Diese werden in den nachfolgenden Kapiteln näher beschrieben und dienen hier zur Veranschaulichung

Inhaltsdimension		Prozessdimension					
		Erinnern und Verstehen von Wissens- und Fähigkeitsgrundlagen		Anwenden von Wissen, Fähigkeiten und Einstellungen	Analysieren und Bewerten (Überprüfen) von Wissen, Fähigkeiten und Einstellungen		Erschaffen und Erweitern von Wissen, Fähigkeiten und Einstellungen
		Erinnern	Verstehen	Anwenden	Analysieren	Bewerten	Erschaffen
Fachliches Wissen & Prozeduren	Faktenwissen / Konzeptuelles Wissen	PM Fachbegriffe nennen/verstehen		PM Fachbegriffe einsetzen zur Ergebnis-darstellung	PM Fachwissen differenziert betrachten und bewerten können		PM Fachwissen im Kotext neu zusammen stellen
	Prozedurales Wissen	PM Konzepte und Vorgehensweisen nennen/verstehen PM Methoden und Prozesse nennen/verstehen		Eine Verbindung von fachlicher Aufgabe, wiss. Arbeiten und Projektmanagement nach Vorgaben erreichen	PM-Methoden selbständig auswählen und umsetzen; Fachliche Lösungen auf Basis wiss. Vorgehens selbst entwickeln und rückblickend bewerten		Aufgrund von eigenen Erfahrungswerten Konzepte und Methoden weiter entwickeln und neue Ansätze generieren
Werte Haltungen Beliefs		Eigene Werte und Haltungen kennen		Sich der Handlung aufgrund von Werten und Haltungen bewusst sein	Eigene Werte und Haltungen überprüfen		Eigene Werte und Haltungen weiterentwickeln
Fachübergreifendes Wissen & Fähigkeiten	Metakognitives Wissen / Sozialkommunikative Fähigkeiten	Eigene Fertigkeiten und Fähigkeiten kennen/verstehen in Denkprozessen und in sozialen Interaktions-situationen		Verschiedene Handlungsstrategien und die Angemessenheit ihrer Anwendung für verschiedene Aufgaben mit Hilfestellung einsetzen	Erfahrungsaufbau nutzen; Handlungsstrategien und die Angemessenheit ihrer Anwendung analysieren und bewerten hinsichtlich Zielen und Plänen in sozialen Interaktions-situationen		Interdisziplinär arbeiten und Fachkenntnisse verbinden; Kognitive Fähigkeiten erweitern und soziale Interaktions-situationen proaktiv angehen

Abb. 1.3 Prozess- und Inhaltsdimensionen

der Methodik, in Bezug auf die Definition der Kompetenzniveaus für die Qualifizierung im Projektmanagement.

Sach- und Fachwissen, also ein solides Wissensfundament, wird auch im Zeitalter von Big-Data, Google & Co. unabdingbar für den Erfolg von strategischen und operativen Entscheidungen sein. Die Informationsflut, die im Zeitalter der Digitalisierung zur Verfügung steht, muss auch beurteilbar sein. Ohne vernetzte Kenntnisse im Fachthema lassen sich keine Zusammenhänge herstellen, hier ist der Mensch dem Computer weit überlegen, auch wenn „Maschine-Learning" in aller Munde ist.

Handlungskompetenz, die auch im Projektmanagement eine zentrale Rolle einnimmt, ist entscheidend, wenn es darum geht innovative Ideen zum Erfolg führen. Mehr Raum zur Förderung von Selbst- und Sozialkompetenz in der Hochschulbildung erfordert einen höheren Personaleinsatz, als klassischer Vorlesungsbetrieb mit gut gefüllten Hörsälen, die Beziehungen zwischen Lehrendem und Studierendem quasi nicht ermöglichen. Metauntersuchungen zum nachhaltigen Lernerfolg an Schulen zeigen, dass die Hauptfaktoren in der guten Beziehung zwischen Lehrer und Lernendem sowie unter den Lernenden und dem Austausch zwischen ihnen allen liegen (Hattie 2009). Bei reinen Online-Angeboten liegen die Abbruchquoten höher und die Ergebnisse deutlich unter denen der Präsenzveranstaltungen, das erlebt jeder Lehrende. Mit Blended-Learning, wo Online und Präsenz verbunden werden, lassen sich dagegen bessere Ergebnisse erreichen. Nach einem höheren Initialaufwand zur Vorbereitung der Lehrveranstaltung steigt jedoch die Effizienz. In Kapitel drei wird hierzu ein Beispiel gegeben.

Der kompetenzorientierte Lehransatz ist vielfach in kritischer Diskussion. Er erfordert deutlich mehr Aufwand bei der Gestaltung von Lehr-/Lern- und Prüfungsarrangements und deren operativer Abstimmung. Weiter birgt er die Gefahr der Vernachlässigung fachsystematischer Aspekte der Wissensvermittlung aufgrund der exemplarischen Behandlung von Themen. Insbesondere in der Mathematik ist hier ein „Aufschrei" durch Brandpapiere hörbar: https://www. mathematik.de/dmv-blog/1464-ein-brandbrief-und-seine-folgen.

Bei der Wahl der **adäquaten Prüfungsform** zum Kompetenzniveau kann sich an Verben der geforderten Fähigkeiten orientiert und somit geeignete Prüfungsaufgaben gestellt werden. Eine Übersicht ist in Abb. 1.4 zu sehen, die als Auswahlhilfe dienen kann.

In der Regel lassen sich bezüglich komplexer Ziele keine eindeutig „richtigen" Antworten definieren, aufgrund dessen sich das Erreichen eines solchen Ziels mit einem standardisierten Messinstrument abbilden ließe. Standardisierte Testverfahren sind vergleichsweise einfach für Lehrende einzusetzen, rechtssicher im Klagefall und vergleichbar in den Ergebnissen. Sie sagen aber nur bedingt etwas aus, über die tatsächliche Kompetenz der Studierenden. Denn durch das Trainieren von Prüfungsfragen oder Aufgabenstellungen (Muster) und dem Verwenden von Vorlagen, erreichen Studierende oft gute Testergebnisse (Stichwort Bulimie-Lernen) und werden „Testprofis". Nur zu bereitwillig glauben wir den Ergebnissen, da Rankings politisch und gesellschaftlich eine immer größere Rolle einnehmen. Wie bereits im Abschn. 1.1. ausgeführt werden Rankings auch gezielt von den Hochschulen befeuert.

Prozessdimension					
Erinnern und Verstehen von Wissens- und Fähigkeitsgrundlagen		**Anwenden von Wissen, Fähigkeiten und Einstellungen**	**Analysieren und Bewerten (Überprüfen) von Wissen, Fähigkeiten und Einstellungen**		**Erschaffen und Erweitern von Wissen, Fähigkeiten und Einstellungen**
Erinnern	Verstehen	Anwenden	Analysieren	Bewerten	Erschaffen
Fähigkeit (row label) **Erinnern:** definieren, beschreiben, identifizieren, kennzeichnen, auflisten, benennen, umreißen, auswählen, darstellen, gliedern, berichten, abstimmen **Verstehen:** interpretieren, übersetzen, schätzen, begründen, verstehen, umformen, unterschieden, erklären, veranschaulichen, durch ein Beispiel erläutern, diskutieren, darstellen, identifizieren, illustrieren, beurteilen, gegenüberstellen		darstellen, lösen, erstellen, anwenden, ändern, errechnen, beeinflussen, modifizieren, durchführen, vorhersagen, zeigen, nutzen, entwerfen, erklären, auswählen, bewerten, verifizieren	**Analysieren:** untersuchen, erkennen, unterscheiden, aufschlüsseln, darstellen, umreißen, teilen, unterteilen, rechtfertigen, hinterfragen, diagnostizieren **Bewerten:** vorschlagen, strukturieren, integrieren, entwickeln, verbinden, sammeln, organisieren, planen, zusammenfassen, begründen, argumentieren, ordnen, auswählen, schließen, zusammensetzen, erweitern		beurteilen, bewerten, vergleichen, einstufen, bestimmen, auswählen, weiterentwickeln, prognostizieren, neu betrachten
Prüfungs-form	Klausur, schriftliche Prüfung, Hausarbeit	Klausuren mit Fällen, fallbezogene Hausarbeiten, Praktikumsbericht, mündliche Prüfungen, Planspiele	Praktikum, Labor, Planspiel, Gruppendiskussion (mit Vorbereitung), Hausarbeit		Studienarbeit, Abschlussarbeit, anspruchsvolle Simulationen
Prüfungs-aufgaben	Zuordnungsaufgaben/ Multiple-Choice Aufzählungen Darstellung eigenständige Beschreibung von Konzepten/Verfahren/ Theorien des Fachs Gegenüberstellung, Vergleich, Klassifikation	praktische und theoretische Aufgaben Anwendungsaufgaben	Bestimmung und Zuordnung von Elementen Vergleich von Konzepten/Theorien Stärken-Schwächen-Analysen Aufstellen von Kriterienkatalogen Einschätzung und Bewertung von Lösungen (Gutachten)		Abschlussarbeit anspruchsvolle Simulationen Transferfragen/-aufgaben

Abb. 1.4 Prüfungsform zum Kompetenzniveau

Im Gegensatz zu Deutschland werden in den USA Examensnoten z. T. veröffentlicht. Dies kann zu einer Wanderung von Studierenden führen und somit Statistiken beeinflussen. Volker Müller-Benedict und Elena Tsarouha von der Universität Flensburg gingen der Frage nach, **ob Examensnoten in Deutschland verglichen werden können** (2011, S. 388–409). Es ergab sich, dass Examensnoten davon beeinflusst werden

- welches Fach man studiert
- welche Abschlussart man anstrebt
- an welcher Hochschule man die Prüfung ablegt
- in welcher Arbeitsmarktsituation man studiert.

Durchschnittliche Unterschiede in den Fächern gehen bis zu zwei ganzen Noten, zwischen Hochschulen bis zu einer halben Note. Jura hat durchgängig die schlechtesten Abschlussnoten. Steigende Notendurchschnitte über die Zeit, bei gleichbleibender Leistung der Studierenden (Noteninflation) konnte entgegen aller Erwartungen als genereller Trend nicht aufgezeigt werden. Er schwankt und es **gibt Faktoren, die auf die Notengebung einwirken,** wie Müller-Benedict und Tsarouha in ihrer Studie aufzeigen (2011, S. 391) (siehe Tab. 1.2).

Prüfungsformen, wie Projektarbeiten, die mehr auf die Beurteilung des Lehrenden setzten und daher mehr Zeit bedürfen, als auch Angriffsflächen bieten, werden aufgrund dessen oft gemieden. Stöhler, Förster und Brehm beschreiben hierfür Vorgehensweisen, die dieser Methode den „Schrecken" nehmen (2018), auch Meyer definiert Beurteilungskriterien und Leistungsniveaus für eine sichere Notenfindung (2017) bei Projektarbeiten. Frei verfügbar unter: http:// nbn-resolving.de/urn:nbn:de:gbv:46-00106225-13.

Literaturempfehlungen zum Kompetenzorientiertem Lehren und Prüfen:

* Klein C. Weiss S., *Kompetenzorientiert Lehren Studiengang-/Curriculumentwicklung und Lehrveranstaltungskonzeption,* 2015, Autoren von der Universität Freiburg. Dieses Themendossier gibt in einen Überblick über das

Tab. 1.2 Faktoren, die auf die Notengebung einwirken

Faktoren	Querschnitt	Längsschnitt kurzfristig	Längsschnitt langfristig
Strukturell	– Kognitive Fähigkeiten und Motivation der jeweiligen Studierenden – Anzahl der Studierenden im Fach bzw. der Prüflinge („Massenfach") – Externe Prüfer (Zusammensetzung der Kommission) – Inneruniversitäre Standards – Fachkulturen	Stärkere Evaluation und Kontrolle der Lehr- und Forschungsleistung auf universitärer, Fakultäts- und Dozentenebene („Noteninflation")	Arbeitsmarktsituation des Faches (regional und national), „Selektionsklima"
Kommunikativ	Wiedergutmachung für schlechte Bedingungen	– Anbiederung an die Studierenden – Verbesserung der eigenen Lehrleistung wg. Evaluation	– Konkurrenzdruck unter den Prüflingen, „schärfere Auslese" – Arbeitsmarktchancenverbesserung

Thema Kompetenzorientiert Lehren, um bei der Studiengangs-, Curriculums- und/oder Lehrveranstaltungsplanung mit Anleitungen und Beispielen zu unterstützen, 50 Seiten.

- Schaper N. Hilkenmeier F., *Umsetzungshilfen für kompetenzorientiertes Prüfen,* HRK Zusatzgutachten, 2013, Autoren von den Universitäten Paderborn. Diese Anleitung fasst die Möglichkeiten und Vorgehensweisen des kompetenzorientierten Prüfens zusammen und gibt zahlreiche Umsetzungsbeispiele. 133 Seiten
- Projekt nexus https://www.hrk-nexus.de/material/links/kompetenzorientierung/ Eine Publikationssammlung zu verschiedenen Gesichtspunkten und Fachbereichen des kompetenzorientierten Lehransatzes.

1.3 Kompetenz im Projektmanagement

Welche individuellen persönlichen Kompetenzen werden für das Projektmanagement benötigt? Der internationale Dachverband der GPM Deutsche Gesellschaft für Projektmanagement e. V., das ist die International Project Management Association (IPMA), hat dazu ein Kompetenzmodell entwickelt: die International Competence Baseline (ICB), von der 2017 die vierte Version in der deutschen Fassung veröffentlicht worden ist (ICB4 2017). Sie stellt die Handlungskompetenz, der am Projekt beteiligten Personen, in den Mittelpunkt. Damit ist es ein universelles Konzept, in dem sich jegliche Standards wiederfinden können. Es werden keine Rollen, Vorgehensweisen oder Methoden vorgegeben, wie sie in Standards oder Normen definiert werden, sondern Anforderungen beschrieben und deren Messgrößen definiert. Dafür werden Wissen sowie Fertigkeiten und Fähigkeiten benannt. Drei Kompetenzbereiche werden unterschieden, die wiederum aus 28 Elementen Tab. 1.3 bestehen:

- In den Bereich der **Kontext-Kompetenzen** fallen alle Methoden, Werkzeuge und Techniken, durch die ein Einzelner mit seiner Umgebung interagieren kann. Ferner gehören in den Bereich auch die Grundüberlegungen, die Menschen, Organisation und Gesellschaften motivieren, Projekte, Programme oder Portfolios auf den Weg zu bringen.
- Zu den **persönlichen und sozialen Kompetenzen** gehören alle Attribute, die ein Einzelner benötigt, um erfolgreich an Projekten, Programmen oder Portfolios mitzuarbeiten oder diese zu leiten

Tab. 1.3 Kompetenzelemente der drei Bereiche

Kontext-Kompetenzen	Persönliche und Soziale Kompetenzen	Technische Kompetenzen
– Strategie – Governance, Strukturen und Prozess – Compliance, Standards und Regularien – Macht und Interessen – Kultur und Werte	– Selbstreflexion und Selbstmanagement – Persönliche Integrität und Verlässlichkeit – Beziehungen und Engagement – Führung – Teamarbeit – Konflikte und Krisen – Vielseitigkeit – Verhandlungen – Ergebnisorientierung	– Projekt-Programm oder Portfolio-design – Anforderungen, Nutzen und Ziele – Leistungsumfang und Liefer-objekt – Ablauf und Termine – Organisation, Information und Dokumentation – Qualität – Kosten und Finanzierung – Ressourcen – Beschaffung und Partnerschaft – Planung und Steuerung – Chancen und Risiken Stakeholder – Change und Transformation – Programm- und Projekt-selektion und Portfoliobalance

- Alle Methoden, Werkzeuge und Techniken, die in Projekten, Programmen und Portfolios eingesetzt werden, um diese erfolgreich zu verwirklichen, werden in den **technischen Kompetenzen** zusammengefasst.

Diese Anforderungen müssen mit dem Kompetenzbegriff, wie er an den Hochschulen verstanden wird, kombiniert werden. Der einerseits in hohem Maße von Anforderungen akademischer Berufsfelder ausgehen sollte, nämlich dem Umgang mit komplexen und neuartigen Problemstellungen, Orientierung am Fach und an praktisch konkreten Problemstellungen. Andererseits aber auch an den Anforderungen an ein wissenschaftlich fundiertes Handeln mit der Fähigkeit zur Reflexion und systematisches, methodenkritisches sowie theorie- und erkenntnisgeleitetes Herantreten an Situationen, wie er im HQR definiert wurde (siehe Abschn. 1.1).

Um diesem Anspruch zu genügen, sollten die Methoden und das Selbstverständnis der drei vorgestellten Kompetenzbereiche vermittelt, als auch kritisch gewürdigt werden. Der Bezug auf das spätere Berufsfeld sollte gegeben sein, damit ein Praxisbezug hergestellt wird. Der Reflexion eigener Erfahrungen

kommt eine besondere Bedeutung zu, denn Projektmanagement ist handlungs-
orientiert und erfordert höhere Kompetenzniveaus. Eine rein theoretische Vermittlung führt nur zu Kompetenzniveaus der unteren Ebenen, die auch nicht dem
Niveau eines Studienabschlusses entsprechen. Daher bieten sich alle problembasierten Lehrmethoden an, um individuelle persönliche Kompetenzen für das
Projektmanagement zu erwerben.

**Projektmanagement verändert sich in vernetzen und hyperfluiden (Pro-
jekt-)Welten,** in der wir uns heute bewegen. Weßels fasst die Fähigkeiten für
das Management über das Modell des „X-Shaped Managers" zusammen. So
brauchen zukünftige Projektmanager die Bereitschaft und Fähigkeit zu (persönlicher) Vernetzung und zum Aufbau vertrauensvoller Strukturen, Mut und Offen-
heit für Neues, mit Leidenschaft für Interdisziplinarität sowie die Fähigkeit zur
Selbstorganisation und Selbstreflexion. Ein Selbstverständnis in der Persönlich-
keit sollte gegeben sein und Führung auch als „Kunst des Loslassens" praktiziert
werden wollen. „Kontrollfreaks" als Projektleiter sind in der sich ständig ver-
ändernden Projektumgebung nicht mehr praktikabel. Die Gestaltung von Projekten sollte nicht nur im Sinne des Architekten der Entität (einzelnes Projekt)
stattfinden, sondern in einem Framework (Projektnetzwerk) praktiziert werden
können, was Weitblick und Umsicht bedarf (Weßels 2014, S. 96).

Die zunehmende Digitalisierung – mit neuen Möglichkeiten der Kommunikation und der Automatisierung – nimmt ebenfalls Einfluss auf die geforderten
Kompetenzen im Projektmanagement. Eine Studie untersucht diesen Einfluss
(Feldmüller und Rieke 2018), die 2019 veröffentlicht wird. Sie bezieht sich auf
die drei Kompetenzbereiche der ICB4:

- Bei den **technischen Kompetenzen,** vor allem wenn es um Leistungsumfang,
  Ablauf und Termine, Informationswesen, Planung und Steuerung in Projekten geht, werden die Chancen, die automatisierende Lösungen bringen, hoch
  eingeschätzt. Projektdokumentationen werden künftig ausschließlich in digitaler Form vorliegen und können voll automatisiert digital erfasst werden, so
  die mehrheitliche Einschätzung der Teilnehmer an der oben genannten Studie.
  Stakeholder können besser erreicht werden, allerdings vergrößert sich durch
  die Digitalisierung auch der Kreis der Interessensgruppen. Allein durch Tools
  wird sich das Informationsmanagement im Projekt aber nicht machen lassen. Gefragt sein wird, so darf man schlussfolgern, die Kompetenz, typische
  Projektmanagement-Methoden zu beherrschen, dafür digitale Unterstützung
  effektiv zu nutzen und im Bedarfsfall zu interagieren.

- In der Domäne der **persönlichen und sozialen Kompetenzen** wird ebenfalls deutlich, dass – so die Meinung der Studienteilnehmer – digitale Unterstützung vor allem die persönliche Kommunikation verändert, ebenso die Teamarbeit und die Vielseitigkeit. Beziehungen können etwa auch über große Distanzen gepflegt werden, Sachinformationen schnell und zielgerichtet ausgetauscht werden. Trotzdem bleibt das Risiko von Kommunikationsproblemen in Projekten immanent, und bei Themen, die in den Bereich der Beziehungsebene gehören, kommt digitale Kommunikation an ihre Grenzen. Die geforderte Kompetenz der Zukunft ist, die Nutzung digitaler Medien zu beherrschen, aber auch das Erkennen der Grenzen derselben.
- Bei den **Kontext-Kompetenzen** wirkt sich die Digitalisierung dahin gehend aus, dass sie für die Visualisierung von Strategie, Governance und auch Compliance genutzt werden kann. Für das Verständnis und die Darstellung von Macht und Interessen wird eine digitale Unterstützung von den Teilnehmern eher nicht ins Spiel gebracht.

Projekte werden von Menschen gemacht – dies verdeutlicht das Kompetenzmodell der IPMA mit der Integration der beiden Domänen, die soziale Kompetenz und den Kontext berücksichtigen. Der kompetente – situative – Einsatz dieser Kompetenzen wird bei aller Entlastung durch digitale Unterstützung den Unterschied machen.

Neben den individuellen Kompetenzen darf der Hinweis, dass es für gute Projektprozesse und -ergebnisse auch an Kompetenz in der Organisation bedarf, nicht ausgelassen werden. Auch dies wird in der IPMA thematisiert (IPMA 2014).

Projekte sind durch die Vernetzung nicht mehr an Orte gebunden. Sie können zwar auch noch weiterhin in einem Unternehmen oder bei einem Kunden stattfinden – müssen es aber nicht. Das Prinzip erst planen und dann exakt umsetzen funktioniert so nicht mehr, denn durch Kommunikation in Echtzeit, also vernetzt und simultan, ergeben sich ständig neue Ideen und die Möglichkeit Dinge zu verändern, da machen starre Pläne keinen Sinn.

Karriereplanung und Werte haben sich verändert, da wir in Deutschland nicht mehr davon ausgehen, dass wir langfristig in einem Unternehmen bleiben, sondern viele Wechsel und auch befristete Anstellungen für Projekte zunehmen. Damit sinkt die Bindung an das Unternehmen und die Auftraggeber. Digitale Projektarbeit wird ein Stück weit Selbstdarstellung und „Casting Show" – denn man steht unter dem Druck das nächste Projekt zu finden. So entwickelt sich eine höhere emotionale Bindung an die Mitglieder des oft virtuellen Netzwerks und das Netzwerk selbst (Projektwelten 2017).

Ausgehend davon, dass bereits Grundlagen zum Projektmanagement vorhanden sind, sollten **aufgrund der fortschreitenden Digitalisierung und der Anforderung des „X-Shaped Managers"** weitere Themen im Curriculum aufgenommen werden:

- Grundlagen von Wissensmanagement in Netzwerken mit Kommunikation und Visualisierung
- Arbeiten in virtuellen Teams mit Social Collaboration-Techniken und Werkzeugen
- Psychologische und soziologische Grundkenntnisse (siehe Abschn. 2.3)

Projektmanagement Curriculum – Inhaltsdimension

2

2.1 Fachliches Wissen und Prozeduren

Es kann angenommen werden, dass in den unteren Studiensemestern, bei bis dahin noch geringen Fachkompetenzen, die Selbstorganisation und Teamarbeit sowie die Vermittlung von Projektmanagement Vorgehensweisen und Methoden (sogenannte technische Kompetenzen nach IPMA) im Vordergrund stehen. Mit zunehmendem Studienfortschritt steigen Fachkenntnisse und Spezialisierungen finden statt, sodass Projektmanagement einerseits in Spezialthemen wie beispielsweise internationales Projektmanagement zum Tragen kommt. Andererseits sollte eine immer selbstständigere Arbeitsweise, mit anspruchsvolleren Fachaufgaben und Rahmenbedingungen insbesondere die Verknüpfung von Wissen und Fertigkeiten fördern, ohne dem höhere Kompetenzniveaus, wie sie im Qualifikationsrahmen gefordert werden, nicht erreichbar sind. Abb. 2.1 zeigt die Kompetenzniveaus.

- **Faktenwissen** reicht von der Beherrschung der Projektmanagement Fachbegriffe in einer Basisausbildung, die in jedem Studiengang vermittelt werden sollten, bis zur differenzierten Bewertung und Zusammenstellung in einem neuen Kontext, wie sie in PM-Masterstudiengängen enthalten sein sollte.
- **Konzeptionelles Wissen** beinhaltet in einer Basisausbildung die Kenntnis um Konzepte und Vorgehensweisen, die nach Vorgaben angewendet werden können. In weiterführenden oder spezialisierten Studiengängen sollte ein höheres Niveau erreicht werden, um letztlich befähigt zu werden, aufgrund eigener Erfahrungen, neue Ansätze zu generieren.
- **Prozedurales Wissen** wird benötigt, um Methoden und Prozesse einsetzen zu können, sie sollten selbstständig gewählt und rückblickend bewertet werden. Die Befähigung zur Weiterentwicklung sollte Ziel einer weiterführenden Ausbildung sein.

© Springer Fachmedien Wiesbaden GmbH, ein Teil von Springer Nature 2019
C. Stöhler, *Fit für das Projektmanagement,* essentials,
https://doi.org/10.1007/978-3-658-26250-1_2

Inhaltsdimension		Prozessdimension					
		Erinnern und Verstehen von Wissens- und Fähigkeitsgrundlagen		Anwenden von Wissen, Fähigkeiten und Einstellungen	Analysieren und Bewerten (Überprüfen) von Wissen, Fähigkeiten und Einstellungen		Erschaffen und Erweitern von Wissen, Fähigkeiten und Einstellungen
		Erinnern	Verstehen	Anwenden	Analysieren	Bewerten	Erschaffen
Fachliches Wissen & Prozeduren	Faktenwissen	PM Fachbegriffe nennen/verstehen		PM Fachbegriffe einsetzen zur Ergebnis-darstellung	PM Fachwissen differenziert betrachten und bewerten können		PM Fachwissen im Kotext neu zusammen stellen
	Konzeptuelles Wissen						
	Prozedurales Wissen	PM Konzepte und Vorgehensweisen nennen/verstehen PM Methoden und Prozesse nennen/verstehen		Eine Verbindung von fachlicher Aufgabe, wiss. Arbeiten und Projektmanagement nach Vorgaben erreichen	PM-Methoden selbständig auswählen und umsetzen; Fachliche Lösungen auf Basis wiss. Vorgehens selbst entwickeln und rückblickend bewerten		Aufgrund von eigenen Erfahrungswerten Konzepte und Methoden weiter entwickeln und neue Ansätze generieren

Abb. 2.1 Fachliches Wissen und Prozeduren

Ausgehend von den DIN-Normen sollten, nach Meinung der Autorin und Abgleich mit den Vorlesungsinhalten verschiedener Professoren der Fachgruppe „PM an Hochschulen", folgende **zehn inhaltliche Hauptpunkte in einer Basisausbildung enthalten sein.** Diese können sehr gut im Rahmen des Projektlebenszyklus vermittelt werden, wie er in Abb. 2.2 zu sehen ist:

1. Projektziele
2. Anforderungsmanagement
3. Projektumfeld und Organisation
4. Projektplanung: Strukturplan, Ablauf & Termine, Ressourcen und Kosten
5. Überwachung und Steuerung
6. Qualitätsmanagement
7. Risikomanagement
8. Stakeholdermanagement
9. Teamarbeit
10. Führung

Darüber hinaus sollten Standards sowie Richtlinien vermittelt werden, die im jeweiligen Fachgebiet notwendig sind (z. B. PMI, Prince2, GPM/IPMA, PM2) und Vorgehensmodelle (z. B. V-Modell, Agile Modelle wie Scrum). Hier gibt es

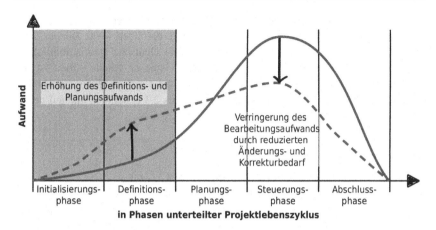

Abb. 2.2 Projektlebenszyklus. (H. Timinger 2017, S. 52)

erhebliche Unterschiede zwischen: Bauprojekten, IT-Projekten, Entwicklungs-
projekten oder medizinischen Forschungsprojekten, um nur einige zu nennen. Für
weiterführende Curricula kann daher keine allgemeingültige Empfehlung zum
Inhalt ausgesprochen werden.
Literaturempfehlungen für den Einsatz in der Lehre:

- Meyer, Helga, Reher, Heinz-Josef, *Projektmanagement-Von der Definition
  über die Projektplanung zum erfolgreichen Abschluss,* Springer Gabler, Wiesbaden 2016, Autoren von der Hochschule Bremen
  Klassisches Projektmanagement mit Literatursammlung zu den Themen z. B.
  für Referate und ein Beispielprojekt „Segeltörn", welches sich durch das Buch
  zieht. 260 Seiten.
- Timinger, Holger, *Modernes Projektmanagement – Mit traditionellem, agilen
  und hybriden Vorgehen zum Erfolg,* Wiley 2017 Autor von der Hochschule
  Landshut
- Breite Erläuterung von Projektmanagement Modellen und Methoden. Praxisbei-
  spiele und Übungsaufgaben/Fallstudien zu den einzelnen Themen. 550 Seiten
- Stöhler, Claudia, *Projektmanagement im Studium- Vom Projektauftrag bis zur
  Abschlusspräsentation,* Springer Gabler, Wiesbaden 2016 Autorin von der
  Hochschule Ulm
- Eine studentengerechte Anleitung für Studierende, die eine Projektarbeit im
  Studium durchführen,153 Seiten

Die Zahl der **Veröffentlichungen zum Projektmanagement** ist auch für den Fachmann kaum noch zu überblicken. Amazon hat über 4000 Bücher zum Projektmanagement im Angebot (Stand 2019), die Deutsche Nationalbibliothek listet über 7000 Werke (Stand 2019). Für die wissenschaftliche Arbeit ist die Fachpresse als Informationsquelle für Dozenten unerlässlich. Eine Zusammenstellung von Fachzeitschriften ist in der Tabelle Tab. 2.1 ersichtlich und auf http://gpm-hochschulen.de/literatursuche/ regelmäßig aktualisiert.

Tab. 2.1 Fachzeitschriften

Fachzeitschrift	Redaktionsleitung	Seit	Link
Project Management Journal	H. G. Gemünden	1969	https://www.pmi.org/learning/publications/project-management-journal
International Journal of Project Management	J. R. Turner	1983	https://www.journals.elsevier.com/international-journal-of-project-management
Projekt Management aktuell	H. Schelle	1989	http://www.pmaktuell.org
Projektmagazin	P. Berleb	2000	https://www.projektmagazin.de/ausgabe/aktuell
International Journal of Managing Projects and Business	D. Walker	2008	http://www.emeraldinsight.com/journal/ijmpb
International Journal of Project Organisation and Management	J. Wang	2008	http://www.inderscience.com/jhome.php?jcode=IJ-POM
International Journal of Construction Project Management	F. M. Arian	2009	https://www.novapublishers.com/catalog/product_info.php?products_id=9057
International Journal of Information Technology Project Management	J. Wang	2010	https://dl.acm.org/citation.cfm?id=J1402
Built Enviroment Project and Asset Management	M. Kumaraswamy	2011	http://www.emeraldgrouppublishing.com/products/journals/journals.htm?id=bepam
PMWorldjournal	D. Pells	2012	http://pmworldjournal.net/
Journal of Modern Project Management	S. D. Eppinger	2013	http://www.journalmodernpm.com

2.2 Werte und Beliefs

Werte, Haltungen bzw. Beliefs sind handlungsrelevante Kompetenzaspekte, die normative und einstellungsbezogene und damit auch motivational relevante Ausprägungen professionellen Handelns repräsentieren. **Die Reflexion der eigenen Überzeugungen und die bewusste Überprüfung der eigenen Bewertungssysteme** ist eine wichtige Komponente des professionellen Kompetenzerwerbs. Im Kontext handlungs- und praxisbezogener Prüfungssituationen sind darüber hinaus kognitive Aspekte der Handlungssteuerung und handlungsleitende Beliefs oftmals eng miteinander verwoben und in Prüfungen schwer auseinanderzuhalten, dessen sollten sich Prüfende bei ihrer Beurteilung bewusst sein. Siehe Abb. 2.3.

Innere Grundsätze (Beliefs) wie „Ich kann nicht präsentieren" oder „Mathematik ist nicht meins" sind sehr schwer veränderbar und verhindern eine Weiterqualifikation. Themenstellungen werden seitens der Studierenden vermieden oder nur mit minimalem Engagement erbracht. Wenn die Resultate dann fast zwangsläufig nicht gut sind, werden sie als Bestätigung verstanden. Hier können Lehrende aktiv eingreifen und Studierende ermutigen und fördern.

Der **affektive Bereich (Werte, Haltungen)** befasst sich mit der emotionalen Seite des Lernens. Die Niveaustufen reichen von der grundsätzlichen Bereitschaft Informationen aufzunehmen bis zur Integration von Überzeugungen, Ideen und Haltungen:

- Die **Bereitschaft Informationen zu empfangen** zeigt sich durch respektvolles Zuhören oder Sensibilität für soziale Probleme.
- Durch die Teilnahme an Gruppendiskussionen, das Halten einer Präsentation oder Demonstration von Interesse am Fachgebiet, reagieren die Studierenden

Inhaltsdimension	Prozessdimension					
	Erinnern und Verstehen von Wissens- und Fähigkeitsgrundlagen	Anwenden von Wissen, Fähigkeiten und Einstellungen	Analysieren und Bewerten (Überprüfen) von Wissen, Fähigkeiten und Einstellungen		Erschaffen und Erweitern von Wissen, Fähigkeiten und Einstellungen	
	Erinnern	Verstehen	Anwenden	Analysieren	Bewerten	Erschaffen
Werte Haltungen Beliefs	Eigene Werte und Haltungen kennen		Sich der Handlung aufgrund von Werten und Haltungen bewusst sein	Eigene Werte und Haltungen überprüfen		Eigene Werte und Haltungen weiterentwickeln

Abb. 2.3 Kompetenzniveau Werte

und **beteiligen sich an demokratischen Prozessen und übernehmen Verantwortung.** Ihre eigene Einstellung reicht von der bloßen Akzeptanz eines (gesellschaftlichen) Wertes bis hin zur eigenen Verpflichtung gegenüber diesen Werten, mit resultierenden Handlungen.

- In Konfliktsituationen, bei denen verschiedene Werte oder Wertvorstellungen aufeinanderprallen, müssen Studierende ihre **Werte und Einstellungen ordnen.** Sie müssen einen Ausgleich schaffen zwischen ihren eigenen Einstellungen und denen anderer. Das kann zu mehr Respekt, der Akzeptanz oder der Integration in eigene Grundsätze führen. Konfliktsituationen sollten als Schlüssel zur Weiterentwicklung verstanden und professionell bearbeitet werden.

Durch Schaffung von Situationen in denen Werte angesprochen werden, kann dem Bildungsauftrag der Hochschulen zum gesellschaftlichen Engagement anzuleiten und schließlich zur Persönlichkeitsentwicklung beizutragen, entsprochen werden. An der Hochschule Coburg absolvieren beispielsweise alle Studierende aller Studiengänge im zweiten und dritten Semester ein einjähriges studienbegleitendes interdisziplinäres Projekt. Oftmals haben die Projekte einen sozialen Hintergrund. So lernen sie nicht nur Projektmanagement-Grundkenntnisse und Teamarbeit kennen, sondern bringen sich unmittelbar in die Gesellschaft ein. Das „Konzept Coburger Weg" wird in Kapitel drei vorgestellt. An der Hochschule Augsburg können Studierende der Informatik in den Semesterferien als Gruppe in ein vierwöchiges Auslandsprojekt an einer Partnerhochschule gehen. Sie organisieren ihren Aufenthalt selbst und erweitern ihren Horizont über die fachliche Qualifikation hinaus (Stöhler et al. 2018).

Zusammenfassend kann daher gesagt werden, das Werte und Haltungen bekannt gemacht werden sollten, Studierende auf deren Konsequenz für eigene Handlungen aufmerksam gemacht werden kann. Ein Bewusstsein dafür zu entwickeln sowie eine Überprüfung und Weiterentwicklung ist letztlich sicher eine Lebensaufgabe.

2.3   Fachübergreifendes Wissen und Fertigkeiten

Fachübergreifendes Wissen und Fähigkeiten, siehe Abb. 2.4, beinhaltet Metakognitives Wissen und sozial-kommunikative Fähigkeiten, die im Laufe des Studiums wachsen sollten.

- **Metakognitives Wissen** umfasst Wissen über kognitive Prozesse im Allgemeinen und über die Auseinandersetzung mit dem eigenen Wissen sowie

Inhaltsdimension		Prozessdimension						
		Erinnern und Verstehen von Wissens- und Fähigkeitsgrundlagen		Anwenden von Wissen, Fähigkeiten und Einstellungen	Analysieren und Bewerten (Überprüfen) von Wissen, Fähigkeiten und Einstellungen		Erschaffen und Erweitern von Wissen, Fähigkeiten und Einstellungen	
		Erinnern	Ver-stehen	Anwenden	Analy-sieren	Be-werten	Erschaffen	
Fachüber-greifendes Wissen & Fähigkeiten	Meta-kognitives Wissen	Eigene Fertigkeiten und Fähigkeiten kennen/verstehen in Denkprozessen und in sozialen Interaktions-situationen		Verschiedene Handlungsstrategien und die Angemessenheit ihrer Anwendung für verschiedene Aufgaben mit Hilfestellung einsetzen	Erfahrungsaufbau nutzen; Handlungsstrategien und die Angemessenheit ihrer Anwendung analysieren und bewerten hinsichtlich Zielen und Plänen in sozialen Interaktions-situationen		Interdisziplinär arbeiten und Fachkenntnisse verbinden; Kognitive Fähigkeiten erweitern und soziale Interaktions-situationen proaktiv angehen	
	Sozial-kommu-nikative Fähigkeiten							

Abb. 2.4 Kompetenzniveau Fachübergreifendes Wissen und Fertigkeiten

den eigenen Denkprozessen im Speziellen. U. a. beinhaltet metakognitives Wissen auch Wissen über verschiedene Handlungsstrategien und die Angemessenheit ihrer Anwendung für verschiedene Aufgaben.

- **Sozial-kommunikative Fähigkeiten** schließlich beinhalten Wissen, Fertigkeiten und Fähigkeiten zum erfolgreichen Realisieren von Zielen und Plänen in sozialen Interaktionssituationen.

Eigene Fertigkeiten und Fähigkeiten sollten erkannt und verstanden werden, damit sie im Projektmanagement zielgerichtet und sicher eingesetzt werden können. Verschiedene Handlungsstrategien und deren Angemessenheit für verschiedene Aufgabenstellungen sollten mit Studien- und Erfahrungsfortschritt sicherer ausgewählt und letztlich proaktiv verwendet werden.

Gerade in den unteren Studiensemestern sind Schwierigkeiten in der Selbstorganisation und Teamarbeit wesentliche Hürden in Projekten. Wie das Beispiel der Hochschule Augsburg in Kapitel drei zeigt „Outdoor- hier und jetzt erleben", führt die praktische Vermittlung von Kompetenzen in der Zusammenarbeit zu nachhaltigem Projekterfolg.

Nach Diskussion mit Kollegen in Arbeitskreisen und eigenen Erfahrungs-
werten der Autorin ergeben sich **folgende sieben Themenstellungen, die im
Curriculum studiengangsunabhängig vorgesehen sein sollten:**

1. Persönlichkeitsstrukturen und deren Verhaltenstendenzen
2. Teamzusammensetzung mit dessen Rollen, Entwicklung und Erfolgsfaktoren
3. Motivation und Volition, Prokrastination
4. Kommunikationsmodelle und praktische Übungen z. B. Präsentationen, Diskussionen, Feedback
5. Problemlösungsstrategien mit praktischen Übungen z. B. Planspielen und Fallstudien
6. Entscheidungsfindung mit Modellen, Methoden und praktischen Übungen
7. Konfliktmanagement mit Eskalationsstufen und Lösungsmöglichkeiten

Bewährt hat sich auch der **Einsatz von Selbsttests,** nachfolgend einige Beispiele:

- Persönlichkeitsstruktur: Big- Five-Test
  Typisierungen mit Verhaltenstendenzen: DISG, MBTI
  Bochumer Inventar zur berufsbezogenen Persönlichkeitsbeschreibung (BIP)
  http://www.testentwicklung.de/testverfahren/BIP/index.html.de
- Teamrollen nach Belbin mit anschließender Teamanalyse
- Volitionskompetenz   http://pelz.fuehrungskompetenzen.net/www/form/ident/
  UK-kurzform
  Prokrastinationsgefährung   http://wwwpsy.uni-muenster.de/Prokrastinations-
  ambulanz/

Im Studienverlauf bieten interdisziplinäre Aufgabenstellungen, die Studierende
mit verschiedenen fachlichen Qualifikationen zusammenbringen, große Vorteile
für die persönliche Weiterentwicklung. Dies kann beispielsweise über Co-Inno-
vation-Labs geschehen, wie ein Beispiel der Hochschule München in Kapitel drei
zeigt, oder durch fakultätsübergreifende Gründungsprojekte, wie im Konzept an
der Universität Würzburg „Als StartUp auf die Cebit" zu lesen ist.

Moderne Lehrformate im Überblick – Prozessdimension

3

In diesem Kapitel werden verschiedene Lehrformate vorgestellt, wie Projektmanagement heute, jenseits der klassischen Vorlesung, vermittelt wird. Intention ist es dem Leser Impulse für die eigene Lehre zu geben. Neben den, in diesem Kapitel vorgestellten Beispielen, finden sich noch viele weitere innovative Idee an deutschen Hochschulen.

So vermittelt Prof. Dr. Timo Braun, an der Freien Universität Berlin, **Stakeholder Management** in einer Großveranstaltung mit über 500 Studierenden. Hierfür hat er 2017/2018 das Stakeholdermanagement des Flughafens BER mit ihnen in einem Multi-Projektkonzept analysiert. Weitere Informationen unter: http://www.wiwiss.fu-berlin.de/fachbereich/bwl/management/braun/News/20180629_ber_abschlussvernissage.html.

Prof. Dr. Jochen Brune von der Hochschule Reutlingen hat über mehrere Semester das Projekt: „**IP Plane -Bau eines Motorflugzeugs**", in seine Projektmanagement-Lehrveranstaltung eingebunden. Weitere Informationen unter: https://www.tec.reutlingen-university.de/de/fakultaet/unsere-projekte/ip-plane/.

An der Hochschule Kiel finden etliche fakultätsübergreifende Projekte statt, wie **StartIng!,** das für angehende Ingenieure im ersten Semester eingerichtet wurde. Weitere Informationen unter: https://www.fh-kiel.de/index.php?id=starting. Oder das internationales Austauschprogramm in Zusammenarbeit mit ihren europäischen Partnerhochschulen in einem Projektsemester „**European Project Semester EPS**". Weitere Informationen unter: https://www.fh-kiel.de/index.php?id=8048.

Ziel der **Initiative STEP** ist die Erstellung von interaktiven Fallstudien auf Basis von exzellenten Projekten – im Detail solchen, welche im Rahmen des Deutschen Projekt Exzellenz Awards (DPEA) prämiert wurden. Diese exzellenten Projekte können angehenden Projektleitern und an Projektmanagement

© Springer Fachmedien Wiesbaden GmbH, ein Teil von Springer Nature 2019
C. Stöhler, *Fit für das Projektmanagement*, essentials,
https://doi.org/10.1007/978-3-658-26250-1_3

intensiv Interessierten, zahlreiche Einsichten über die Komplexitäten und Herausforderungen in realen, großen Projekten bieten sowie hochgradig geeignete Lösungswege zur Bewältigung der Herausforderungen aufzeigen. „STEP – Study Excellence in Projects" wurde 2017 als gemeinsames Vorhaben des „Deutscher Projekt Excellence Award"-Teams in der GPM Deutschen Gesellschaft für Projektmanagement e. V. – vertreten durch Benedict Gross – und der Hochschule München, Fakultät Betriebswirtschaft, mit Prof. Dr. Lars Brehm sowie Dr. Sascha Zinn ins Leben gerufen. Die Fallstudien stehen allen Hochschulen offen und das Team freut sich über Beteiligung für die Realisierung zukünftiger Fallstudien. Weitere Informationen unter: https://www.project-excellence-award.de/step/.

Die nachfolgend ausgeführten Beispiele wurden von verschiedenen Hochschulen zur Verfügung gestellt, herzlichen Dank hierfür. Für weiterführende Informationen stehen Ansprechpartner zur Verfügung:

- 3.1 Planspiele, Hochschule Esslingen, Prof. Dr. Siegfried Zürn, Tim Commans
- 3.2 Co-Innovation Lab, Hochschule München, Prof. Dr. Lars Brehm, Prof.Dr. Holger Günzel
- 3.3 Blended Learning, Hochschule Dortmund, Prof. Dr. Andre Dechange
- 3.4 Virtuell, Hochschule Stralsund, Susanne Marx
- 3.5 Start-Up, Universität Würzburg, Prof. Dr. Harald Wehnes
- 3.6 Interdisziplinär, Hochschule Coburg, Prof. Dr. Birgit Enzmann
- 3.7 Lernfabrik, Hochschule Heilbronn, Prof. Dr. Patrick Balve
- 3.8 Outdoor, Hochschule Augsburg, Claudia Stöhler

Manch einen Leser mögen diese außerordentlichen Beispiele erschlagen und auch demotivieren. So machte eine Äußerung eines Kollegen auf einem Treffen des Arbeitskreises „Projektmanagement", am Didaktikzentrum der bayerischen Hochschulen nachdenklich (Für Interessierte: https://www.diz-bayern.de/programm/fachdidaktik-arbeitskreise):

„Wenn ich mir anhöre, auf welchem Niveau und mit welchem Engagement Ihr Projektmanagement lehrt, da kann ich mit meinen 2 SWS Projektmanagement, bei einer sonstigen Arbeitsüberlast, wie über 20 SWS Lehrdeputat, gleich wieder gehen. Da komme ich nie hin!" – Trotzdem nimmt er sich die Zeit, kommt auch zum nächsten Treffen und nimmt Ideen mit, die auch mit wenig Zeitaufwand große Effekte haben.

Projektmanagement wird in ganz unterschiedlicher Ausprägung und unter verschiedensten Rahmenbedingungen gelehrt, wie zu Beginn dieses Buch ausgeführt wurde. So muss auch der Anspruch an die Lehrveranstaltung und an den Dozenten gesehen werden.

3.1 Mit Planspielen den Ernstfall proben

3.1.1 Die Methode Planspiel

„Das Spiel ist eine der ursprünglichsten und ältesten Kommunikationsformen der Menschen, die zudem vermutlich die effizienteste Art zu lernen ist" (Fürstenau 2009). Deshalb sind in vielen Studiengängen Planspiele mit Projektmanagement-aspekten bereits seit einigen Jahren fester Bestandteil des erfahrungs- und kompetenzorientierten Lernens.

Diese Planspiele basieren meist auf Simulationsmodellen, die in mehreren Spielperioden durchgeführt werden (Riedl 2009). Dabei wirken sich die in bzw. nach einzelnen Perioden durchgeführten Eingriffe und Änderungen auf die Folgeperioden aus, so lassen sich Effekte erleben, die in der Realität Monate dauern. Ferner können in diesem geschützten Lernumfeld risikolos Erfahrungen gesammelt werden, die in der Realität mit erheblichen Konsequenzen verbunden sein können. Die Komplexität kann skaliert werden, um dem Wissens- und Erfahrungsstand der Teilnehmenden gerecht zu werden. Innerhalb eines vor-gegebenen Szenarios werden die Teilnehmenden herausgefordert, sich mit ökonomischen, organisatorischen und sozialen Aspekten und Konflikten auseinander zu setzen. Somit bieten Planspiele eine sehr gute Möglichkeit Handlungs-kompetenz im Projekt zu erwerben und zu trainieren.

Eine Sammlung und Kurzbeschreibung von über zwanzig Planspielen im Projektmanagement ist verfügbar unter: www.pm-planspiele.de.

Fast alle Teilnehmenden sind, manchmal nach kurzer, anfänglicher Skepsis, vom spielerischen Lernen begeistert und berichten über ein langfristig deutlich höheres Verständnis der Lerninhalte und Methoden, als bei vielen anderen Lehr-konzepten. Wichtig ist, aus planspieldidaktischer Sicht, ein effektives Debriefing des Planspiels und ggf. der Anschluss wirksamer Transfermodule, um die Lern-inhalte nachhaltig zu festigen (Kriz et al. 2007).

Im Folgenden werden zwei haptische PM-Planspielansätze vorgestellt, die den Kompetenzerwerb im Multiprojektmanagement (Beispiel *SAVEit*) und die Durchführung eines Projekts zur Strategieentwicklung eines KMU zu Industrie 4.0 (Beispiel *act.if* ® *Go4Null*) zum Ziel haben. Beide Planspiele fördern ein ver-tieftes Verständnis für die Faktoren und ihre Wechselwirkungen, die in projekt-basierten Unternehmen bzw. bei Strategieprojekten auftreten. Sie ermöglichen eine detaillierte Analyse der verschiedenen Methoden, die zu einer bestmöglichen Projektbearbeitung führen.

3.1.2 Erfahrungsbericht mit SAVEit

Das Planspiel *SAVEit* basiert auf einem teilnehmeraktiven Rollenkonzept und wurde von der Fa. Vollmer & Scheffczyk für das Training von Projektmanagern im CCPM (Critical Chain Project Management) entwickelt. Neben dem Training dient es auch dem spielerischen Erleben der Wirkzusammenhänge und -mechanismen für alle betroffenen Akteure einer Multiprojekt-Organisation. Über den Verlauf des Spiels wird den Teilnehmenden neben den Grundlagen der ToC (Theory of Constraints) auch die Funktion und Besonderheit des CCPM-Ansatzes vermittelt. In den vergangenen Jahren wurde es vor allem bei mittelständischen Unternehmen aus dem Maschinen- und Anlagenbau eingesetzt. Es eignet sich aber auch gut für die Lehre und wird im Studiengang „Industrial Management (MBA)" an der Graduate School der Hochschule Esslingen eingesetzt, siehe Abb. 3.1.

Im Planspiel erspielen und erleben die Teilnehmenden in drei Runden à 15 min hautnah, was es bedeutet in einem Unternehmen zu arbeiten, in dem

Abb. 3.1 Planung der Projektmanager (SAVEit an der GS Eslingen). (Quelle: Zürn, 2019)

mehrere Projekte parallel durchgeführt werden, die auf dieselben personellen Ressourcen zurückgreifen. Das Spiel kann in einer oder mehreren Gruppen von jeweils ca. 12 Spielern durchgeführt werden. In der Rolle eines Projektleiters oder Mitarbeiters erleben die Spieler, wie es sich anfühlt, unter Zeitdruck zahlreiche Aufgaben gleichzeitig zu bewältigen und so in ein Multitasking getrieben zu werden. Damit erzeugt das Spiel ein Umfeld, das sich für die meisten Teilnehmer so realitätsnah anfühlt, dass dem Spiel-Setup ein hohes Maß an Übertragbarkeit auf das eigene Arbeitsumfeld attestiert wird.

Innerhalb der Rundenzeit von 15 min ist es die Aufgabe der fünf Projektmanager, insgesamt 15 Projekte durch die Organisation zu bringen und pünktlich beim Kunden abzuliefern. Jedes Projekt betrifft bei seiner Bearbeitung fünf der sieben möglichen Arbeitsplätze. Die Auswahl und Reihenfolge der Arbeitsplätze ist projektspezifisch und einzuhalten. Um den Fokus des Spiels auf der Ebene des Gesamtsystems und des Projektmanagements zu halten, sind die Arbeitsinhalte an den sieben Arbeitsplätzen bewusst trivial gestaltet. Dies erlaubt, das Spiel in nahezu beliebiger Besetzung zu spielen, da praktisch keinerlei Vorkenntnisse nötig sind.

Die Arbeitsinhalte der einzelnen Stationen sind: das Lösen einfacher Sudoku-Rätsel, das Erkennen von Fehlerbildern, das Zerlegen zweistelliger Zahlen in ganzzahlige Teilmengen sowie in vierfacher Ausführung das Zählen von Sätzen oder (vorgegebenen) Wörtern in einem Text in deutscher oder englischer Sprache. Die Aufgaben werden mit arbeitsplatzspezifischem Arbeitsmaterial bearbeitet und gelöst und liefern stets ein numerisches Ergebnis. Dieses Ergebnis wird dem Projekt mitgegeben und bildet nach fünf durchlaufenen Stationen das Gesamtergebnis des Projektes, dessen Qualität der Kunde anhand einer Musterlösung bewerten kann.

Nach jeder Runde erfolgt eine kurze Rückschau, in der die Spieler ihre Erlebnisse und Empfindungen der vergangenen Runde beschreiben, siehe Abb. 3.2. Das Spielergebnis der Runde wird durch die Messung der Leistungsindikatoren: *Anzahl abgeschlossener Projekte, Liefertermintreue, Durchlaufzeit* und *Qualität* dargestellt und bewertet. Nach Retrospektive und Ergebnisdiskussion folgt ein kurzer methodischer Impuls durch den Moderator, in dem er schrittweise die Grundlagen von ToC/CCPM vermittelt. Diese Impulse bieten zugleich die Ausgangsbasis für die gemeinsame Diskussion in der Gruppe darüber, welche Optimierung am System für die folgende Runde vorgenommen werden soll.

Das Hauptaugenmerk der System-Optimierung liegt – analog zu den Grundgedanken der ToC – auf dem System-Engpass. Im Spieldesign ist einer der sieben Arbeitsplätze als physischer Ressourcen-Engpass angelegt. Der Vergleich der Rundenergebnisse anhand der Leistungsindikatoren erlaubt es den Teilnehmern

Abb. 3.2 Retrospektive (SAVEit an der GS Esslingen). (Quelle: Zürn 2019)

im weiteren Verlauf, auch die Auswirkungen von geringfügig erscheinenden Änderungen auf die Gesamtperformance messbar belegt zu erleben.

Die Inhalte und nötigen Impulse zwischen den Runden machen zur Durchführung des Spiels *SAVEit* einen in Multiprojektmanagement und ToC/CCPM erfahrenen Moderator notwendig. Der nötige Zeitrahmen für die drei Runden inklusive Einführung, Erklärung, Retrospektiven und Impulsen liegt bei ca. 4 h. Weitere Informationen unter: https://www.v-und-s.de/vs-planspielwelt.

3.1.3 Erfahrungsbericht mit act.if Go4Null

Das Planspiel *act.if* ® *Go4Null* wurde von Prof. Dr. Siegfried Zürn, Professor für Operations Management und Dekan der Graduate School in Esslingen, zusammen mit Dipl.-Ing. Peter Käpernick für die Lehre und Management-schulung entwickelt. Das Beispiel zeigt die Anwendung bei einem Unternehmens-Workshop in Crailsheim, siehe Abb. 3.3.

act.if® *Go4Null* ist ein halboffenes, haptisches Planspiel, d. h. es sind die Rahmenbedingungen des Unternehmensmodells vorgegeben, die Szenarien können je nach Zielsetzung angepasst werden und ein Großteil der Inhalte werden im Spielverlauf erspielt bzw. ermittelt. Somit haben die Spieler im Gegensatz zu geschlossenen Planspielen und Simulationen, die feste Ziele und Prozesse vorgeben, eine Freiheit der Zielanpassung und in der Verwendung passender Handlungsstrategien, was realen Projekten, insb. Strategieprojekten entspricht.

Zum Inhalt: Industrie 4.0 – also das Zusammenwachsen von Kommunikationstechnologien mit Supply-Chain und Produktionstechnik – bietet für KMU Optimierungspotenzial und Wachstumschancen durch neue Geschäftsmodelle. Aber gleichzeitig stellen sich viele KMU die Frage, ob sie dafür bereit sind, welchen konkreten Nutzen sie für ihr Unternehmen durch die Digitale Transformation erzielen können und wie sie den Wandel praktisch angehen können.

Abb. 3.3 Spielbrett (act.if® Go4Null). (Quelle: Käpernick 2019)

Daher ist die Ausgangssituation des realitätsnah konzipierten Modellunternehmens „TBF GmbH" so angelegt, dass sich die Geschäftsführung mit diesen Fragen beschäftigen muss. Das Unternehmen ist grundsätzlich gut in einer Marktnische aufgestellt. Potenzielle Neukunden stellen jedoch zunehmend die Anforderung, sowohl die Produkte als auch Prozesse „digital-smart" zu gestalten. Auch im Lieferantennetzwerk ist die fortschreitende Digitalisierung zu spüren. Zugleich sind die noch überwiegend manuell ablaufenden Montageprozesse kostenintensiv und können, die im positiven Falle zu erwartenden Mengen, nicht mehr liefern.

Der Einstieg erfolgt in einem 6-minütigen animierten Film, der die wichtigsten Eckdaten des aktuellen Spielszenarios beschreibt. Die Firma ist auf dem Spielfeld mit allen Facetten ihres Wertschöpfungsnetzwerkes bildlich in Abb. 3.4 dargestellt.

Im ersten Spielabschnitt analysieren die SpielerInnen die Ausgangssituation von TBF und entwickeln eine SWOT-Analyse auf Basis des Wissens, das in diesem Moment verfügbar ist. So vorbereitet machen sie sich als Geschäftsführungsteam, Kunden und Lieferanten nun auf den Weg in die Zukunft, der spielerisch durch das Würfeln und Weiterziehen auf dem Spielfeld umgesetzt wird. Dabei kommen die Spieler sehr schnell in Kontakt und erspielen sich in drei Runden Einnahmen aus dem Bestandsgeschäft, sowie potenzielle Zusatzaufträge. Die Teilnehmenden bekommen so ein Gefühl dafür, ob das Geschäft gut oder eher schleppend läuft und welches Zukunftspotenzial möglich erscheint.

Ereigniskarten berichten über Stimmungen in der Firma und darüber, was sonst im Rahmen des geschäftlichen Umfeldes passiert. Farbige Info-Karten geben Hinweise in Text und Bild auf folgende Themen: Prozesse; Daten; Wandel & Strategie; Geschäftsmodell und Arbeit 4.0.

Am Ende jeder Runde erhält jeder TN beim Passieren des Feldes ‚Zielsetzung' zusätzlich eine Karte mit einer Idee, was unter dem Blickwinkel der digitalen Transformation in einer Firma getan werden könnte, um die aktuelle Situation auszubauen bzw. zu verbessern. Der jeweils erste Spieler, der dieses Feld erreicht, erhält zusätzlich einen Vorschlag zu einem zukünftigen Prognoseziel.

Damit der Überblick nicht verloren geht, arbeiten die Teilnehmenden mit einer Begleitkarte. Auf ihr werden die Auftragschips und Kapitalchips gesammelt. Die Ideenkarten geben einen ersten Hinweis auf mögliche Wege, die zur Zukunftssicherung der TBF eingeschlagen werden können. Das weitere Vorgehen wird aber im Geschäftsführungsteam gemeinsam beraten. Die SWOT Analyse wird sukzessive als Hilfestellung ergänzt, die Angaben können auf einem Flipchart präsentiert werden. Nach dieser Arbeit planen die Spieler den Umbau der Unternehmung. Sie statten den Grundriss mit Modellsteinen (Lego) aus und berücksichtigen dabei die

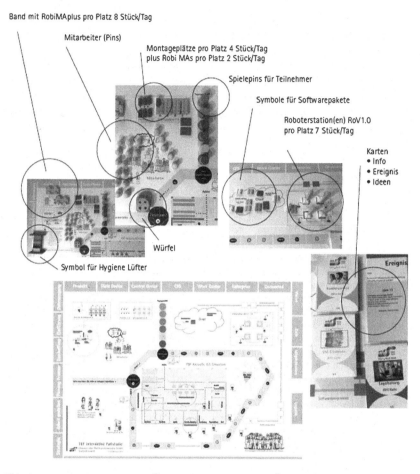

Abb. 3.4 Spielfunktionen (act.if® Go4Null). (Quelle: act.if® Consulting Group 2019)

Hinweise und Ereignisse zu 20 Themenfeldern (u. a „auftragsgesteuerte Produktion",
„Plattformgeschäfte", „Mitarbeiterkompetenzen", „Digital Governance", „Digital
Security Management", „adaptive Logistik", „smarte Produkte und Services",..).

Bei diesem Planspiel werden die Teilnehmenden vor allem in der heute sehr
wichtigen Schlüsselkompetenz des „vernetzten Denkens" geschult, da sie die
Wechselwirkungen der Handlungsoptionen, zahlreiche Stakeholder-Interessen
und die zeitlich optimale Umsetzungsprojektierung bei ihren Entscheidungen

berücksicntigen müssen. Sie erleben darüber hinaus, dass die langfristige Unternehmensstrategie nur durch konstruktive Zusammenarbeit über die Abteilungsgrenzen hinweg umgesetzt werden kann.

Ein starker Realitätsbezug entsteht auch dadurch, dass neben unternehmensinternen Prozessen und Ablauflogiken immer wieder auf unerwartete Nebenwirkungen der vorgeschlagenen Maßnahmen und äußere Einflussfaktoren (Marktänderungen, Wettbewerbersituation, Technologiesprünge, usw.) reagiert werden muss. Weitere Informationen unter: https://www.act-if.consulting.

3.1.4 Fazit

Die beiden beschriebenen Planspiele fördern, um hier die Erfahrungen von Prof. Dr. Zürn wieder zu geben:

> ein vertieftes Verständnis für die Faktoren und ihre Wechselwirkungen, die in projektbasierten Unternehmen bzw. bei Strategieprojekten auftreten. Sie ermöglichen eine detaillierte Analyse der verschiedenen Methoden, die zu einer bestmöglichen Projektbearbeitung führen. Durch den Perspektivenwechsel (Einnehmen unterschiedlicher Rollen), der in Planspielen im Gegensatz zur Realität leicht möglich ist, erhalten die Teilnehmenden ein umfassenderes Verständnis der Komplexität von Projekten. Sie werden zu kritischem Denken angeregt und steigern ihr Reflexionsvermögen. Neben den fachlichen und methodischen Fähigkeiten können in Planspielen durch Verhandlungs- (z. B. zwischen den PM im Spiel SAVEit) und Entscheidungsprozesse (z. B. Festlegen auf einzelne Auswahloptionen im Spiel act. if® Go4Null) „nebenbei" auch soziale Kompetenzen getestet und erweitert werden. Insbesondere kann eine erhöhte Empathie für andere Rollen entwickelt werden, was sich positiv auf die künftige Teamarbeit auswirkt. Das Lernen mit Planspielen ist somit deutlich mehr als Wissenserwerb, es fördert die Handlungskompetenz in den vier Feldern Fach-, Methoden-, Sozial- und Persönlichkeitskompetenz.

Generell müssen sich die Teilnehmenden auf ein „Spielen" einzulassen – und auch die Verantwortlichen und Entscheider müssen die Methode als ernsthafte, wissenschaftlich fundierte Lernmethode akzeptieren. Aus der langjährigen Erfahrung der Autorin sind aber fast alle Teilnehmenden (manchmal nach kurzer, anfänglicher Skepsis) vom spielerischen Lernen begeistert und berichten über ein langfristig deutlich höheres Verständnis der Lerninhalte und Methoden als bei vielen anderen Lehrkonzepten. Wichtig ist aus planspieldidaktischer Sicht aber ein effektives Debriefing des Planspiels und ggf. der Anschluss wirksamer Transfermodule, um die Lerninhalte nachhaltig zu festigen (Kriz et al. 2007).

3.2 Co-Innovation Lab: Studentische Projekte mit Unternehmen erfolgreich gestalten

Die Digitalisierung verändert die Geschäftswelt gesamthaft (McKinsey 2016): Neue Geschäftsmodelle, veränderte Prozesse und geänderte Kundenanforderungen stellen alle Branchen vor neue Herausforderungen. Insbesondere digitale Technologien verändern die bisherigen „Spielregeln" im Geschäftsleben und fordern andere Methoden für deren Nutzbarmachung. Geeignete Methoden wie Lean Startup, agiles Projektmanagement oder Design Thinking erfordern neue oder erweiterte Kompetenzen der Beteiligten. Dies umfasst u. a. Innovationsgeist, analytische Stärke, Kundenorientierung, Teamgeist und Eigenverantwortung. Diese Eigenschaften müssen sich auch im Lehren und Lernen an den Hochschulen widerspiegeln.

Hochschulen mit wirtschaftsnahen Studiengängen müssen sich fragen: Wie sollte ein zukunftsorientiertes Lehrkonzept – neben theoretischen Vorlesungen und Fallstudien – aufgebaut sein? Wie können innovative Aufgaben und Erfahrungsgewinn in ein Modul integriert werden? Wie werden in den Veranstaltungen aktuelle geschäftsrelevante Herausforderungen und Fragen berücksichtigt?

3.2.1 Gesamtkonzept

Das Co-Innovation Lab, initiiert von Prof. Holger Günzel und Prof. Lars Brehm an der Hochschule München, unterstützt die Herausbildung der erforderlichen Kompetenzen für die digitale Welt. Das Co-Innovation Lab ist ein übergreifendes Konzept für Innovationsprojekte von Studierenden mit Unternehmen und dient zugleich als organisatorische Plattform und Schnittstelle zwischen Lehrveranstaltungen und Unternehmen.

Mit der gemeinsamen Entwicklungsumgebung zwischen Studierenden und Unternehmen werden temporäre Innovationspartnerschaften – in Form von Projekten – geschaffen: von der Idee über Validierung bis zum Ergebnis in maximal zehn Wochen, um eine Win-win-Situation für Hochschule, Studenten und Unternehmen anzustreben.

Unternehmen erhalten innovative Lösungen aus der Sicht eines oft unbekannten Kundenkreises und sie treffen zudem auch auf potenzielle Mitarbeiter von morgen. Die Studierenden bauen notwendige Kompetenzen auf, indem sie von Fallstudien zur Realität gelangen und die Lerninhalte intensivieren.

Dozierende erhalten neue Kontakte zu Unternehmen und deren aktuellen Herausforderungen. Das Co-Innovation Lab ist so konzipiert, dass es den gesamten Lebenszyklus der Innovationsprojekte unterstützt, siehe Abb. 3.5. Es umfasst ein übergreifendes Vorgehensmodell, Methoden und Tools für folgende Phasen:

- **die Akquise** (Acquire) von Unternehmen und deren Problemstellungen, aus denen die Studierendenprojekte gebildet werden
- **die Umsetzung** (Deliver) der Projekte durch ein hybrides Projektmanagementvorgehen mit entsprechenden Prozessen, Vorlagen und Tools
- die Erhöhung **der Sichtbarkeit** (Promote) der Fakultät, der beteiligten Professoren und Studierenden durch Presseartikel zu den erfolgreichen Projekten
- den **Ausbau des Netzwerkes** (Grow) mit Unternehmen und Dozierenden.

Das didaktische Konzept basiert auf kleinen Teams aus maximal vier Studenten, die autonom reale Aufgaben in einem selbstgesteuerten Lernmodus ausführen. Der Dozent fungiert als Coach. Analog zu dem häufig verwendeten agilen Ansatz (Sutherland 2017), der aus mehreren Iterationen und Retrospektiven besteht, stellen die Studierenden-Teams die Anforderungen selbstständig auf, priorisieren, planen und führen durch.

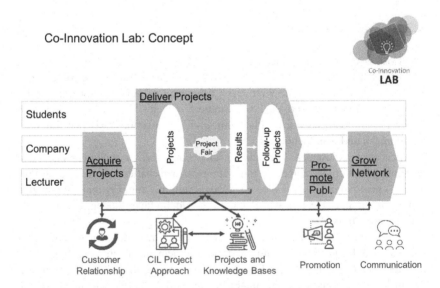

Abb. 3.5 Konzept des Co-Innovation Labs (CIL). (Quelle: Brehm 2019)

Die Abbildung Abb. 3.5 gibt das Konzept im Überblick wieder.

Interessierte Dozierende können das Konzept des Co-Innovation Labs im Sinne einer offenen Community in ihren Lehrveranstaltungen nutzen und Vorschläge zu Verbesserung und Weiterentwicklung als gelebtes Wissensmanagement einbringen.

3.2.2   Methode und Vorlagen

Neben der Entwicklung der theoretischen Grundlagen in der Lehrveranstaltung ist die wichtigste Aufgabe des Dozenten die Integration von Innovationspartnerunternehmen und Projektthemen. Die verwendeten Schritte sind mit einem Beratungslebenszyklus eines Beratungsunternehmens vergleichbar.

Phase Akquise (Acquire)

Die Akquise erfolgt durch die jeweiligen Dozierenden – diese müssen entscheiden, ob die Projektthemen für einen Kurs geeignet sind. Durch persönliche Kontakte oder frühere Projekte ergeben sich häufig Projektthemen. Zudem kann eine „Pipeline" von Projektanfragen etabliert werden. Bei der Akquise werden Informationen über das Unternehmen gesammelt und das Problem skizziert, um die Studenten vorzubereiten.

Phase Projektdurchführung (Deliver)

Im Folgenden werden Umfang, Methode, Arbeitsprodukte, Organisation und Zeitpunkt definiert. Je nach Kurs und Wissensstand sollte diese Aufgabe von den Studierenden übernommen werden. Die Studierenden befragen die Beteiligten, um das „wahre" Problem (und nicht nur die Symptome) herauszufinden. Parallel zur den Initiierungstätigkeiten werden formelle Verträge zur Festlegung der rechtlichen Rahmenbedingungen abgeschlossen. Zum einen sind Vertraulichkeitsklauseln erforderlich, zum anderen wird die Frage des geistigen Eigentums an den Ergebnissen geklärt.

Die Implementierung erfolgt nach dem im Projektplan beschriebenen Vorgehensmodell. Im Co-Innovation Lab wird ein hybrider Projektmanagementansatz genutzt. Das Team arbeitet in Iterationen und dokumentiert kontinuierlich die Aktivitäten, sodass der Kunde und der Dozent den Fortschritt verfolgen können. Das Projekt endet mit der Präsentation und Übergabe der Ergebnisse durch das Team. In diesem Fall werden oft zusätzliche Personen aus dem Partnerunternehmen eingeladen, was eine zusätzliche Herausforderung für die Studierenden, aber auch Motivation ist.

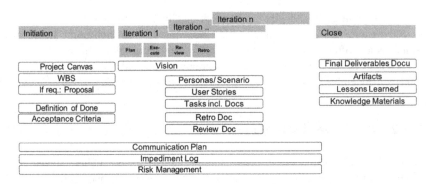

Abb. 3.6 Vorgehensmodell für Innovationsprojekte. (Quelle: Brehm 2019)

Das hybride Vorgehensmodell mit den einzelnen Elementen ist in Abb. 3.6 dargestellt.

Während der Nachbereitung (Close) erledigen die Studenten weitere interne Fragestellungen. Eine Selbstreflexion, die Nachbereitung des Vorgehens für das interne Wissensmanagement, die Erstellung einer Fallstudie für die Ausbildung anderer Studierendengruppen und die Beschaffung eines Referenzschreibens vom Kunden werden von den Studenten durchgeführt. Von besonderer Relevanz im agilen Sinne ist die Optimierung der Vorgehensweisen für Dozierende und Studierende in der Wissensdatenbank. In der Abschlussdiskussion mit den Studierenden vergleicht der Dozent die Erwartungen und Erfahrungen der Stakeholder.

Phase Vermarktung (Promote)

In der Phase der Vermarktung wird die Erhöhung der Sichtbarkeit der Fakultät, der beteiligten Professoren und Studierenden durch Presseartikel zu erfolgreichen Projekten, aber auch durch wissenschaftliche Publikationen angestrebt. Neben dem kurzfristigen Aufzeigen von Themen und Kompetenz entsteht hier die Basis für die Akquise der nächsten Projekte.

Phase Wachstum (Grow)

Wachsen bedeutet Wissenszuwachs. Der Ausbau des Netzwerkes (Grow) mit Unternehmen und Dozierenden unterstützt wiederum die Akquisetätigkeit und die Möglichkeit von interdisziplinären und internationalen Projekten.

3.2.3   Tools

Für die Backoffice-Organisation des Co-Innovation Lab werden eine Vielzahl von Prozessen und Tools aus Beratungsunternehmen eingesetzt. Eine Kundendatenbank (CRM System) ist für die professionelle Akquise und das Kundenmanagement unerlässlich.

Ein Framework mit Vorlagen für Präsentationen, Berichte und Zeitmanagement für Studierende, aber auch Projektmanagementvorlagen beschleunigen die Bearbeitung für Studierende und Dozenten.

Die Projektdatenbank mit allen aktuellen und früheren Projekten dient der externen Vermarktung und der Akquise weiterer Projekte. Ein ausgefeiltes Wissensmanagement mit einer Online- und Offline-Komponente unterstützt neue Projektteams und vermeidet die Wiederholung von Fehlern. Dies erfolgt auf Basis von Markdown Dokumenten und Gitlab. Darüber hinaus werden die Projektergebnisse und die Zusammenarbeit auf verschiedenen Plattformen wie den Websites der Hochschulen und des Co-Innovation Lab (www.co-inno-lab.org) präsentiert.

3.2.4   Streams und Beispiel „Brainnovative Consulting"

Aktuell werden folgende Streams unterschieden:

- Strategie Impulses: Geschäftsmodelle und – strategien in der digitalen Welt
- Business Consulting: Beratung von Prozessoptimierung bis Innovationsmanagement
- IT & Product Consulting: Technologieberatung bis zur Software-Applikation
- Outsourced Services: Konzeption und Durchführung von operativen Aufträgen

In dem Stream „Business Consulting" ist die Submarke „Brainnovative Consulting" die Plattform, auf der Studierende der Masterstudiengänge „Digital Technology Entrepreneurship" und „Applied Business Innovation" an der Hochschule München Beratungsaufträge für Unternehmen durchführen. Da in mehreren Vorlesungen die notwendigen theoretischen Grundlagen vermittelt werden, ist in diesen Modulen nur ein geringer Anteil an physischer Präsenz im Rahmen von Lehrveranstaltungen erforderlich.

Ziel des Moduls ist es, die Arbeitspraktiken und Techniken eines Innovations- oder Digitalisierungsprojektes unter realistischen Bedingungen auf der Grundlage eines konkreten, komplexen Projektes anzuwenden. Die Studierenden erwerben die Fähigkeit, lösungsorientierte, adäquate Arbeitspraktiken, Beratungs- und Projektmanagement-Techniken zur Umsetzung theoretisch vermittelter Lehrinhalte in konkreten Projekten anzuwenden. Die Erfahrungen aus den Projekten der letzten Semester haben gezeigt, dass die folgenden Aspekte zu einem positiven Projektergebnis führen:

- Das Thema sollte auf einer realen Notwendigkeit im Unternehmen basieren, sodass die Ernsthaftigkeit für eine Beratung und ein ausreichendes zeitliches Engagement des Unternehmens gegeben ist.
- Die Themen müssen den Themen des Masterprogramms nahekommen, damit sie in kurzer Zeit gelöst werden können.
- Eine autonome Planung des Projekts in Bezug auf Inhalt und Aufwand der Studierenden und der Vergleich am Ende führen neben dem gestiegenen Interesse an dem Projekt zu einer deutlichen Steigerung der Lernerfolge bei den Studierenden.
- Das Engagement der Studierenden ist aufgrund ihrer praktischen Erfahrung und ihrer Eigenverantwortung konstant hoch. Dies hat einen hohen Lerneffekt: Die Studierenden erleben „hautnah" die Auswirkungen von falsch kalkulierten Kosten, ungenau angenommene Änderungen und Rahmenbedingungen oder eine falsche Planung im Projektplan.

3.2.5   Fazit

Die teilnehmenden Dozierenden und Studierenden sehen das Co-Innovation Lab als eine ausgezeichnete Möglichkeit, mit praxisrelevanten Themen an der Hochschule in Kontakt zu kommen. Die größere Wertschöpfung liegt jedoch in der Erweiterung, der durch die digitale Transformation geforderten Kompetenzen.

Prof. Dr. Brehm sieht eine Weiterentwicklung des Co-Innovation Lab in mehrere Richtungen:

Die Community der Teilnehmer wird erweitert und andere Disziplinen werden einbezogen. Dies kann entweder in einem interdisziplinären Team oder sequenziell erfolgen, z. B. durch Informatikstudierende, die Anwendungen aus den Geschäftskonzepten entwickeln. Darüber hinaus wird an der Projektinfrastruktur, der Akquise und dem Marketing gearbeitet, um die Pipeline der Kooperationspartner und Themen zu pflegen. Zudem werden die Erfahrungen mit diesem Modell in einer Begleitforschung analysiert.

3.3 Mit Blended Learning effizient und effektiv lehren

3.3.1 Blended Learning Kurzübersicht

Blended Learning ist eine multimedial unterstützte Didaktik, die vom Lehrenden durch verschiedene digitale und präsenzbasierte Lernelemente gesteuert wird und gleichzeitig ein Maß an Selbststeuerung seitens der Anwender verlangt (Graham 2006, S. 4 ff.; Kim 2014; Stein und Graham 2014, S. 14). Zahlreiche Studien und eigene Umfragen zeigen den Nutzen dieser Lehr- und Lernform gegenüber der klassischen rein präsenzbasierten Form (Dechange et al. 2016; Thomas and Mengel 2008; Garrison and Vaughan 2008).

Blended Learning kann als Kontinuum gesehen werden, das sich zwischen reiner Präsenzveranstaltung und reiner digitaler Lehre (wie z. B. bei einem reinem Online Kurs) bewegt. Damit gibt es ein sehr breites Spektrum von Blended Learning Formaten. Die Abb. 3.7 verdeutlicht das Kontinuum.

3.3.2 Blended Learning Formate im Projektmanagement

An der Fachhochschule Dortmund werden im Rahmen der Projektmanagementausbildung in verschiedenen Studiengängen Blended Learning Formate eingesetzt. Entwickelt wurden die Formate von Prof. Dr. André Dechange, der einen internationalen Masterstudiengang zum Projektmanagement (European Master

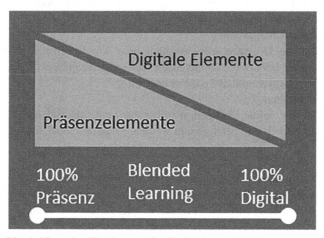

Abb. 3.7 Blended Learning Kontinuum. (Quelle: Dechange 2018)

in Project Management) leitet und Kurse und Module des Projektmanagements lehrt. Dabei folgen die Blended Learning Formate einer einheitlichen Struktur mit einer primär digitalen Vorbereitungsphase (pre-class), einer präsensbasierten Durchführungsphase (Präsenz bzw. face-to-face) und der vermehrt digitalen Nachbereitung (follow-up). Die drei Phasen enthalten verschiedene digitale und präsenzorientierte Lehr- und Lernformate.

In der Vorbereitungsphase bereiten sich die Studierenden selbstständig auf ein oder mehrere Themen des Projektmanagements vor. Das sind z. B. die verschiedenen Projektmanagementelemente mit den entsprechenden Methoden und Instrumenten. Hier werden in Abhängigkcit des Schwierigkeitsgrades des Themas verschiedene Lehrformate eingesetzt, wie z. B.:

- **kurze, d. h. zwischen 2–4 min lange Trickfilmvideos**
  Die Trickfilmvideos wurden für die relevanten Themen des Projektmanagements entwickelt. Die Videos sind einheitlich konzipiert und erklären anhand eines durchgängigen Projektbeispiels die unterschiedlichen Rollen, die verschiedenen Phasen bzw. Abläufe, die entsprechenden Methoden und Instrumente. Darüber hinaus verdeutlichen die Videos die Schwierigkeiten und beinhalten Tipps für das traditionelle und agile Projektmanagement (Blendlee 2018). Bei diesem Lernelement wurde u. a. das didaktische Element des Storytellings berücksichtigt.
- **Erklärende und vertiefende Kurzvideos des Dozenten**
  Der Dozent hat kompliziertere Themen mithilfe animierter Folien noch einmal kurz und knapp in einem Video erklärt (ca. 4–10 min Dauer). Beispiele hierfür sind die Netzplanerstellung, mit der Berechnung des kritischen Pfades, oder die Erstellung einer Kostenganglinie, das Earned Value Management oder das Schätzen mit Story Points in Scrum.
- **Vertiefende Informationen**
  Auf Basis vom Dozenten selbst erstellter Texte oder Folien bzw. ausgewählter kurzer Artikel können die Studierenden schwierige Themen noch einmal nachlesen und erhalten zusätzliche Informationen.
- **Online Übungen**
  Mit Hilfe von online Übungen, die über das Lernmanagementsystem (LMS) ILIAS entwickelt und bereitgestellt werden, sollen die Studierenden den Stoff anwenden.
- **Selbsttests**
  Die ebenfalls über ILIAS online zur Verfügung gestellten anonymen Selbsttests ermöglichen den Studierenden, ihr Verständnis und ihre Kompetenz hinsichtlich des Themas zu überprüfen. Die Selbsttests erhalten neben den richtigen Antworten Erklärungen für falsche Antworten.

Die Durchführungsphase entspricht der Präsenzveranstaltung des Kurses. Die Dauer und Frequenz der einzelnen Präsenzveranstaltungen kann dabei in Abhängigkeit des Kursumfanges, des Inhalts, sowie der Ressourcensituation an der Hochschule unterschiedlich geplant werden. Für die Blended Learning Formate finden die Präsenzveranstaltungen wöchentlich, zweiwöchentlich oder als ein oder mehrteiliger Block statt. Hierbei kommen folgenden Lehrformate zum Einsatz:

- **Fragen und Antwort Runden**
  Am Anfang der Veranstaltung werden Fragen der Studierenden zu den Inhalten der Vorbereitungsphase beantwortet.
- **Optional Kurzpräsentation oder Test**
  Nicht immer kommen die Studierenden vorbereitet in die Präsenzveranstaltung. Hierbei können Gruppenpräsentationen oder Tests durchgeführt werden, um die Teilnahme an der digitalen Vorbereitung zu erhöhen.
- **Erfahrungsaustausch**
  Anhand von kurzen Beispielen aus der Praxis kann in Masterprogrammen oder bei erfahrenen Studierenden, ein Erfahrungsaustausch stattfinden. Dieser wird vom Dozenten moderiert und mit gezielten Fragen unterstützt.
- **Fallstudien**
  Das Kernstück der Präsenzphase sind Fallstudien. Mithilfe einer durchgehenden Fallstudie werden die relevanten Elemente des Projektmanagements inkl. der entsprechenden Methoden und Instrumente angewandt und reflektiert. In den Grundlagenfächern des Projektmanagements sind dies z. B. der Projektauftrag, das Stakeholder-, Umfangs-, Zeit-, Ressourcen-, Kosten-, Risikomanagement sowie Methoden und Instrumente zur Projektorganisation. Im Bereich des agilen Projektmanagements werden darüber hinaus Mini Fallbeispiele eingesetzt.
- Optional gibt es für kompliziertere Themen und in Abhängigkeit des Wissens und der Kompetenz der Studierendenkohorte im Vorfeld des Fallbeispiels **Gruppenarbeiten,** die gemeinsam zur Vorbereitung der Fallstudie dienen.
- **Diskussionen und Reflexionen**
  Im Anschluss an die Fallstudien folgt immer eine Reflexion der Ergebnisse sowie eine Diskussion, die durch den Dozenten moderiert wird.
- **Online Test**
  Ein häufig für die Endnote relevanter Online Test rundet die Präsenzphase ab und wird als Vorbereitung auf die Klausur genutzt.

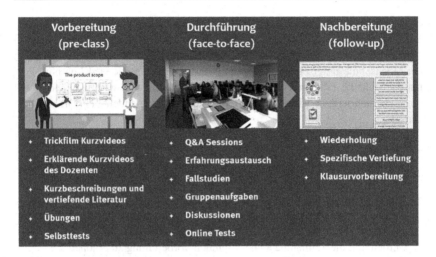

Abb. 3.8 Blended Learning Ablauf mit den eingesetzten Lehrelementen. (Quelle: Dechange 2018)

- **Optional Simulationen**
  In Abhängigkeit des Curriculums der Projektmanagementkurse werden Simulationen eingesetzt. Dabei werden sowohl digitale Simulationen für das traditionelle Projektmanagement (Kohortengrößen bis 100 Studierende möglich) als auch haptische und erlebnisgesteuerte Simulationen für das agile Projektmanagement (bis max. 25 Studierende) eingesetzt.

Die Nachbereitungsphase bietet Lernelemente zum Wiederholen und zur Vertiefung des in der Präsenzphase angewandten Inhalts an. Hierbei sind in der Regel dieselben digitalen Elemente der Vorbereitungsphase implementiert. Am häufigsten wird diese Phase jedoch zur Klausurvorbereitung genutzt.

Abb. 3.8 fasst nochmal die drei Phasen mit den wesentlichen Lernelementen zusammen.

3.3.3   Fazit

Der Nutzen von Blended Learning ist in zahlreichen Studien beschrieben, wie sie durch Quellen zu Beginn dieses Fallbeispiels benannt wurden. Aus Sicht von Prof. Dr. Dechange, der die Erfahrungen mit den beschriebenen Formaten systematisch ausgewertet hat, ergibt sich folgender Nutzen:

Aus Sicht der Studierenden:

- Verbessertes Verständnis des Stoffes durch direkten Anwendungsbezug in einer simulierten oder realen Situation
- Erhöhte Behaltens- und Verständnisquote beim Studierenden
- Erhöhte Anwendungskompetenz
- Steigerung der Kommunikationskompetenz im Bereich Feedback, Selbstreflexion und Diskussion
- Befähigung zum Management von Projekten (Höhere Taxonomie Ebene nach Bloom: Ebene drei und höher d. h. Anwenden, Analysieren, Evaluieren und Entwickeln (Borchard 2012).
- Flexibilisierung des Lernens und damit erhöhte Motivation
- Spaßfaktor und damit erhöhte Motivation und Effizienz beim Lernen

Aus Dozentensicht:

- Flexibilisierung des Dozenteneinsatzes
- Effizientere Lehre durch Standardisierung und Digitalisierung von Grundlagenthemen und Wiederholungen (Vereinfachung der repetitiven Wissensvermittlung)
- Verbesserte Berücksichtigung unterschiedlicher Wissens- und Kompetenzstufen und dadurch Reduzierung von Zusatzaufwand
- Schwerpunktverlagerung von der reinen Wissensvermittlung hin zum anwendungsorientierten Kompetenzaufbau durch mehr Zeit für Fallstudien, Praxisbeispiele, Simulationen, Diskussionen, Unternehmensbesuche etc.
- Optional: Reduzierung von Präsenzzeiten bei mindestens gleichbleibender Qualität der Lehre
- Spaßfaktor und damit erhöhte Motivation beim Lehren

3.4   Total virtuell zum PM-Masterabschluss

Die Universität Limerick in Irland bietet seit mehreren Jahren einen Abschluss „Master of Science in Project and Programme Management" an, der komplett als Online-Studium realisiert wird. Als akademischer Abschluss im Projektmanagement ist er speziell für Berufserfahrene konzipiert. Alle Studierenden müssen Berufserfahrung und fortgeschrittene Englischkenntnisse vorweisen. Die Eignung und Motivation wird vorab im persönlichen Online Interview durch

den Studiengangsleiter überprüft. Das Studium ist, wie in Irland üblich kostenpflichtig, wird jedoch durch individuelle Zahlpläne unterstützt.

Zuerst wird hier das Studienkonzept vorgestellt und dann basierend auf der
Erfahrung von Susanne Marx, die dieses Studium 2018 abgeschlossen hat,
im Fazit Hinweise zur Erstellung von Online-Studiengängen zum Projektmanagement gegeben.

3.4.1 Struktur des Studiums

Das englischsprachige Studium ist auf zwei Jahre ausgerichtet und folgt dem
Trimester-Ansatz der Universität Limerick (2018). Zwei Mal im Jahr werden
neue Studierende immatrikuliert. Eine 14-tägige Einführung dient dem Kennenlernen: der Online Lernumgebung, der Methoden (z. B. Reflexion, Fachartikel
lesen, Zitieren), der anderen Teilnehmer und vor allem der zu erwartenden
Arbeitsbelastung. Tab. 3.1 zeigt eine Übersicht der Module.

Das Studium ist danach im 6-Wochen-Zyklus organisiert. Ein Modul wird als
Block in fünf Wochen unterrichtet und mit einer Prüfungsleistung abgeschlossen,
danach folgt eine Woche Pause. Unterbrochen wird das Jahr durch eine kurze
Pause im Februar sowie eine mehrmonatige Pause im Sommer. In jedem
Modul erfolgt in vier Wochen die Wissenserarbeitung, die fünfte Woche wid-
met sich zumeist der Erstellung der Prüfungsleistung. Zu Beginn jedes Moduls
wird der gesamte Inhalt im Lernmanagementsystem (LMS) freigeschaltet. Eine
Zusammenfassung des Moduls erläutert die jeweiligen Lernziele sowie die
Prüfungsleistungen und deren Bewertungskriterien. Zum Teil werden Literatur-
listen bereitgestellt sowie alle Lehrvideos mit PDFs der Präsentationen.

Tab. 3.1 Master of Science in Project and Programme Managament

	Year 1	Year 2
Semester 1	Project and Programme Management Science and Principles People and Behaviour in Projects	Strategic Management and Program-mes Knowledge and Information Manage-ment in Project Environments
Semester 2	Project and Programme Planning and Control Project Leadership and Governance Programme Value, Risk and Decision Making	Commercial Management of Projects International Project Management Research in Projects and Organisa-tions
Semester 3	In-Company Project	Research Paper

Die Module sind in Wochen unterteilt, auf die die zu nutzenden Materialien verteilt sind. Neben einer Audioeinleitung durch den Kursleiter vermitteln Präsentationsvideos mit Voiceover die Lehrinhalte. Diese werden z. T. angereichert durch ein Quiz zum Selbsttest. Jedes Modul liefert Buchausschnitte und Artikel aus Fachjournalen, die online verfügbar sind. Daneben kommen Fallstudien, Youtube Videos und Podcasts zum Einsatz. Der Zugang zur umfassenden Online Bibliothek der Universität wird für das gesamte Studium gewährleistet.

Das eingesetzte LMS ist Moodle. Hieraus werden neben den zuvor genannten Medien auch Wiki und Foren eingesetzt. Mendeley wird als Zitiersoftware empfohlen. Für die Masterarbeit werden die Softwareprogramme IBM SPSS® (für quantitative Datenanalyse), NVivo (für qualitative Datenanalyse) sowie qualtrics® als professionelles Umfragetool bereitgestellt.

3.4.2 Operativer Ablauf

Jeder Kurs wird von einem Kursleiter und einem Moderator geleitet. Dabei ist der Kursleiter für die akademische Ausbildung zuständig und Mitglied der Universität. Der Moderator ist eine Fachperson aus der Wirtschaft, der die Gruppeninteraktion steuert, Feedback gibt und den Kurs wöchentlich begleitet. Oft hat dieser selbst das Studium in der Vergangenheit absolviert. Mindestens einmal im Modul werden synchrone online Treffen organisiert.

Wöchentlich stellen sogenannte e-tivities ein kontinuierliches Engagement der Studierenden sicher. Neben der eigenen Bearbeitung einer Aufgabe, oft mit Bezug zur eigenen Berufspraxis, ist regelmäßig Feedback zu Arbeiten der Kommilitonen Teil der wöchentlichen Interaktion. Die e-tivities sind unterschiedlich gestaltet z. B. als Wiki, Forum, Gruppenarbeit oder als Präsentation mit Audio.

Zum Ende jedes Moduls sind eine unterschiedliche Anzahl von Hausarbeiten zu erstellen, die eigene praktische Anwendungen des Kursinhaltes, Fallstudien oder Berechnungsaufgaben enthalten können. Zumeist sind diese Prüfungen als Individualarbeit konzipiert, jedoch in einigen Modulen auch als Gruppenarbeit. Hinzu kommt eine Reflexion, die regelmäßig 25 % der Note ausmacht. In der Reflexion sollen die Studierenden 2–3 Erkenntnisse aus dem jeweiligen Kurs persönlich reflektieren. Die Summe der Reflexionstexte ergibt dadurch das Lerntagebuch. Es ermöglicht den Studierenden das Gelernte auf die eigene Berufspraxis zu beziehen.

Herauszuheben sind die abweichenden Module der Praxisarbeit (Value Study) und der Masterarbeit (Research Paper). Das Modul der Praxisarbeit widmet sich dem Value Management und erfordert die Durchführung und Dokumentation

einer Value Study in der eigenen Berufspraxis. Die Masterarbeit ist als Format
des wissenschaftlichen Artikels konzipiert und wird von einem von der Universität bestimmten Betreuer begleitet.

3.4.3 Fazit

Die folgenden Ausführungen basieren auf persönlichen Erfahrungen von Susanne
Marx, nach Abschluss des 2-jährigen Studiums. Im Studium mit Kommilitonen
aus Irland, Katar, Singapur oder Australien dominieren asynchrone Lernformen.
Von ungefähr 20 Studierenden im ersten Modul haben fünf gemeinsam in der
Regelstudienzeit abgeschlossen. Auf dieser Basis gibt sie folgende Empfehlungen
zur Erstellung von reinen Online-Kursen im Projektmanagement:

- **Transparenz und Struktur** – Da die Lehre asynchron erfolgt und der
  persönliche Kontakt reduziert ist, sollte der Leitsatz der Transparenz und der
  klaren Struktur die Konzeption des Studiengangs bestimmen. Ein einheit-
  licher Ansatz über alle Module erleichtert den Studierenden die Planung, insbesondere wenn das Studium nebenberuflich realisiert wird. Dies gilt v. a. bei
  Erfordernis von wöchentlichen Terminen, z. B. e-tivities und Feedback, oder
  bei online Synchronvorlesungen. Einmal den Wochenrhythmus mit Familie
  und Beruf abzustimmen ist deutlich einfacher, als immer wieder wechselnd.
  Zudem ist es hilfreich, die Art der Prüfungsleistung (z. B. Struktur und Menge
  der benoteten Elemente) für die Module zu vereinheitlichen. Ein fokussierter
  Zeitabschnitt zur Erarbeitung von Hausarbeiten u.ä. sollte ohne zusätzliche
  Vorlesungen geplant werden.
- **Konzept**- In einem kompletten Onlinestudiengang ist es wesentlich, das
  Gesamtkonzept über die Module hinweg zu vermitteln. Das Fehlen von
  Zusammenhängen zwischen Modulen beeinflusst die Motivation und das
  Verständnis der Studierenden. Für diese Art des Studiums zum Projekt- und
  Programmmanagement sollte nicht nur das eigentliche Management eines
  Projektes/Programms im Mittelpunkt stehen, sondern v. a. die Ausbildung
  der Fähigkeit, ein Projektmanagement-System auf die jeweiligen Rahmenbedingungen anzupassen. In einem nebenberuflichen Fernstudiengang sollte
  der Praxisbezug kontinuierlich hergestellt werden und die Praxiserfahrungen
  der Teilnehmer genutzt werden. Eine Hausarbeit mit Bezug zum eigenen
  Arbeitsumfeld erhöht sowohl die Motivation, als auch den Lerneffekt wesentlich. Als Beispiel konnten daraus teilweise Veröffentlichungen entwickelt werden (Marx 2017, 2018).

- **Material**- Empfehlenswert ist zu Beginn jedes Moduls, die detaillierten Lern- ziele und Bewertungskriterien sowie Prüfungsformate gesammelt zu veröffent- lichen sowie einen Zugriff auf das Komplettmaterial für das gesamte Modul zu ermöglichen. In einer Einleitung sollte ein Gesamtüberblick gegeben werden und die wesentliche Literatur gelistet werden, immer an derselben Stelle im LMS, als PDF Liste sowie wenn möglich als Gesamtdownload aller relevanter Fachartikel. Eine Unterscheidung zwischen Kernliteratur und Zusatzquellen unterstützt die Studierenden. Bei der Literatur ist ein regelmäßiges Update erforderlich, um den Distanzstudierenden die Aktualität überzeugend zu ver- mitteln. Im Bereich des Projektmanagements sollten spezifische Software-An- wendungen als Teil des Studiums erprobt werden.

  Wenn aufgezeichnete Vorlesungen oder Präsentationen mit Audio zum Mate- rial gehören, sollte zu Modulbeginn ein Gesamtdownload dieser Dateien zur Offline-Nutzung sowie die Folien als lesbares PDF (am besten schwarz-weiß) zum Ausdruck für eigene Notizen bereitgestellt werden. Dem Thema Audio muss sich speziell gewidmet werden. Die Sprachgeschwindigkeit, Dialekt oder auch einfach die Mikrofon-Qualität beeinflussen deutlich, wie viel der Studierende aus den Präsentationen entnehmen kann. Die Präsentationen soll- ten nicht zu lang sein (maximal 15–20 min.). Zu Bedenken ist zudem, dass der Studierende allein mit dem Material ist. Er/sie versucht sich das Wissen, ohne sofortige Frage- oder Erklärmöglichkeit, mit den bereit gestellten Materialien zu erschließen. Dazu ist die Korrektheit von Lehrmaterial wesentlich! Lehr- material sollte umfassend getestet und kontinuierlich weiterentwickelt werden.
- **Studienformate**- Wöchentliche Onlineaktivitäten (e-tivities), die eine oder mehrere Aktionen des Studierenden erfordern, fördern die kontinuierliche Beschäftigung mit dem Lehrmaterial. Für die Gruppeninteraktion haben sich Foren für Feedback als günstig erwiesen. Wikis und Tabellen gestalteten sich eher wenig inspirierend. Positiv wirken z. B. Präsentationen mit Audio, die durch die Studierenden hochgeladen werden. Das asynchrone Arbeiten erfordert eine hohe Eigenmotivation der Studierenden. Für alle Zuarbeiten der Studierenden sollten Wortbegrenzungen genannt werden, insbesondere wenn gegenseitiges Feedback zu geben ist. Für den Lernprozess sehr hilfreich ist die benotete, strukturierte Reflexion mit Praxisbezug in jedem Modul. Die Stu- dierenden bedürfen auch während der Online-Diskussion oder Aufgabe einer Betreuung z. B. durch Feedback des Moderators, da sonst Unsicherheit ent- steht, über die Richtigkeit der verschiedenen Meinungen der Kommilitonen. Besondere Herausforderungen stellen sich in der Gruppenarbeit, die in einem virtuellen, internationalen Studierendenteam bereits in der Phase der reinen Arbeitsorganisation viele Zeitressourcen braucht.

- **Kommunikation-** mit den Studierenden und die Kontakte der Teilnehmer untereinander findet unter deutlich anderen Rahmenbedingungen als im Präsenzstudium statt. Empfehlenswert ist die kontinuierliche Betreuung der Studierenden durch einen Moderator, der zeitnah Fragen beantworten kann und diese Antworten bei Relevanz auch der gesamten Studiengruppe zur Verfügung stellt. Regelmäßige, synchrone Online-Meetings fördern den direkten Kontakt. Der Lehrende kann ansonsten nicht so genau den Lernfortschritt beobachten und Probleme feststellen. Es empfiehlt sich auch der Einsatz von Livevideos während der Online-Meetings, um einen persönlichen Kontakt aufzubauen. Zu bedenken ist, welche Kommunikation über welchen Weg im LMS stattfinden soll. Die Studierenden verlagern ansonsten ihre Kommunikation auf Wege außerhalb des LMS, sodass der Kontakt zu den Dozenten vermindert wird und eigene Dynamiken entfaltet werden können. Es sollte genau überlegt werde, welche Software Unterstützung im LMS für die Kommunikation und Kollaboration angeboten werden kann.
- **Arbeitsumfang und Feedback-Kultur-** Eine besondere Herausforderung ist die Kalkulation des Arbeitsumfangs im Fernstudium. Hierfür empfiehlt es sich, regelmäßig Feedback der Studierenden einzuholen. Insbesondere für nebenberuflich Studierende ist eine möglichst genaue Abschätzung wichtig. In der virtuellen Studienumgebung ist ein zielgerichteter Umgang mit Feedback notwendig, da sonst Stimmungen und Ideen nicht zu den Lehrenden gelangen. Dies setzt jedoch auch voraus, dass Ressourcen für die Aufnahme des Feedbacks und dem Herbeiführen von Veränderungen vorhanden sind.

Zusammenfassend ist ein reines Onlinestudium für Lernende und Lehrende gleichermaßen anspruchsvoll, aber durch dieses Angebot kann einem größeren Adressatenkreis das Lernen ermöglicht werden und in der Studierendengruppe gibt es einen großen Erfahrungsschatz aus der PM- Praxis, der das Studium besonders reichhaltig macht.

3.5   Als StartUp auf die Cebit

3.5.1   Philosophie und Konzept der Lehrveranstaltung

„Learning by Doing". Dieser Grundgedanke steht hinter der Vorlesung „Professionelles Projektmanagement in der Praxis – mit digitalen Unternehmensgründungsprojekten". Diese für Master-Studierende konzipierte Veranstaltung

Abb. 3.9 Konzept der Lehrveranstaltung. (Quelle: Wehnes 2019)

findet seit dem Jahr 2000 am Institut für Informatik der Julius-Maximilians-Universität Würzburg statt und ist offen für Hörer anderer Fakultäten. Abb. 3.9 zeigt das Konzept der Lehrveranstaltung.

Die Veranstaltung besteht aus zwei Modulen:

- Im **Vorlesungsmodul** lernen die Studierenden die Grundlagen von agilem und traditionellem Projektmanagement kennen und wie und wann man diese Methoden bedarfsgerecht (hybrid) kombiniert. Das Denken in Geschäfts-modellen wird durch einen Gastvortrag besonders gefördert.
- Im Modul „**Digitales Gründungsprojekt**" wenden die Studierenden diese Methoden in interdisziplinärer Teamarbeit praktisch an und sammeln wert-volle Erfahrungen für ihre spätere berufliche Praxis.

Bewährt hat sich ein ganztägiger Design Thinking Workshop, der seit zwei Jahren der Veranstaltung vorgeschaltet wird. Die Studierenden erhalten hier einen Einblick in Design Thinking und erzeugen zudem Projektideen für Gründungs-projekte, siehe Abb. 3.10.

3.5.2 Vorbereitungen und Ablauf der Lehrveranstaltung

Im Vorfeld der Veranstaltung steht jeweils die Gewinnung von „coolen" Projekt-ideen im Vordergrund. Die Erfahrung zeigt, je höher Nutzwert und Außergewöhn-lichkeit eines Projektes, umso größer die Motivation der Studierenden bei der Umsetzung. In den letzten Jahren kamen viele gute, vorgefilterte Ideen über die

DESIGN THINKING PROZESS

MULTIDISZIPLINÄRE TEAMS

VARIABLER RAUM

Anwendung DT: „Die ideale Geldbörse"

Geschäftsmodellierung mit dem „Kuhspiel"

Kreativitätsregeln: möglichst viele Ideen; verrückte, wilde Ideen; kombiniere Ideen, vermeide Kritik, lockere Atmosphäre

Kreativitätstechniken
* 635 Methode (Brainwriting)
* Kopfstandtechnik

WS-Ergebnisse

Projektidee 1:
Plattform/ App mit Karte, Infrastruktur-elementen und Bewertungssystem für den **idealen Standort für Neubürger, Investoren und Stadtplaner**

Projektidee 2:
Plattform/ App der KiTa-Angebote in Würz-burg: **Zusammenführung der Angebote der verschiedenen KiTa-Träger;** tagesaktuelle Informationen; barrierefrei

Projektidee 3:
Plattform/ App mit den **Freizeitangeboten für Jugendliche der Stadt Würzburg:** Übersichtlich, kostenfeie Angebote bzw. günstiges Preis-/Leistung-Verhältnis; Unterstützung durch Stadt

Abb. 3.10 Design Thinking Workshop zur Erzeugung bzw. Vertiefung von Projektideen. (Quelle: Wehnes 2019)

„Partner" der Veranstaltung, das Innovations- und Gründungszentrum Würzburg (IGZ), das Zentrum für digitale Innovation Mainfranken (ZDI) und die Stabstelle für Forschungs- und Technologietransfer der Uni Würzburg (SFT). Personen ohne IT-Ressourcen sowie Unternehmen der Region erhalten hierüber die Möglichkeit, dass ihre Ideen in Prototypen technisch umgesetzt werden.

In 2018 erfolgte hierüber hinaus eine Einbeziehung des Fachbereich Soziales, des Stadtjugendrings und der Diakonie der Stadt Würzburg. Sie wurden gebeten ihre „größten Probleme" zu benennen, für die in der Veranstaltung digitale Lösungen erarbeitet werden sollten. Je größer die Problematik umso höher der Nutzen der Lösungen! Die umfangreiche Liste von Problemstellungen wurde in einer Runde mit den potenziellen Auftraggebern priorisiert. Daraus entstand als diesjähriges Motto der Veranstaltung: „Auf der digitalen Welle surfen – erleb-barer Nutzen durch innovative Lösungen für Gesellschaft und Umwelt".

In der ersten Vorlesungsveranstaltung wurden die Ideen von den Projekt-gebern kurz vorgestellt. Die Vorlesungsteilnehmer, die in diesem Jahr aus 13 verschiedenen Studiengängen stammten, hatten die Möglichkeit, sich diesen Projektideen selbst zuzuordnen. Ein Team sollte mindestens zwei Informatiker, zwei Nicht-Informatiker und maximal 6 Personen umfassen. Noch in der gleichen Veranstaltung lernten die Teilnehmer den „Project Canavas" kennen, und mit den Projektgebern wurde damit ein gemeinsames Projekt-Verständnis erarbeitet.

In den ersten Wochen standen grundlegende Themen des traditionellen Projektmanagements im Vordergrund: Projektziele, Umfeld und Stakeholder, Phasen und Meilensteine, Projektstrukturierung, Ablauf und Terminplanung. Danach erfolgte eine Einführung in agiles Projektmanagement mit dem besonderen Schwerpunkt Scrum. Konsequenz für die Projektarbeiten war, dass aus den Arbeitspaketen des Projektstrukturplans ein Start-Backlog erzeugt wurde.

In den Folgeveranstaltungen wurde von den Teams regelmäßig über den Projektfortschritt mittels „Weeklies" berichtet, in denen die Ergebnisse der vorangegangenen Woche, die Planungen für die Folgewoche und die Impediments aufgezeigt wurden. Besonders wertvoll waren die Screencasts, die bei den Sprint Reviews dem Plenum präsentiert und diskutiert wurden. Ressourcen- und Kostenplanung, Projektkommunikation und Marketing, Projektorganisation, Projektrisiko- und Chancen-Management, Teamarbeit und Führung, Projektsteuerung und -abschluss und Qualitätsmanagement bildeten die weiteren Schwerpunkte der Vorlesung.

Neben der Projektarbeit hatten die Teams einen Projektbericht zu erstellen, der an den IPMA-Transfernachweis für Level-D (ICB 3) angelegt ist – mit zusätzlichen Kapiteln zum agilen Projektmanagement. Die Projektberichte hatten eine besonders hohe Qualität, da sie die einzigen, für die Abschlussklausur erlaubten Dokumente waren.

3.5.3 Highlights 2018: Cebit-Stand und 15. Projektiade

Die Möglichkeit, die Projektprodukte auf einem eigenen Stand in der Startup-Area der Cebit 2018 präsentieren zu dürfen, stellte einen ganz besonderen Anreiz aber auch eine gewaltige Herausforderung für die Teams dar, siehe Abb. 3.11. Neben vorzeigbaren und funktionierenden Prototypen mussten Flyer und Foliensätze zu den Produkten termingerecht erstellt werden. Ergänzend zum Messekonzept wurden auch Vorlagen für die Dokumentation der Messegespräche und – kontakte erstellt.

Der Messeauftritt hatte eine unerwartet hohe Resonanz. Als einziger von über 2800 Ausstellern widmeten sich die Würzburger „Social Entrepreneurs" dem Einsatz der Digitalisierung für Gesellschaft und Umwelt.

Ein weiteres Highlight war die „Projektiade 2018", die zum 15. Mal ausgetragen wurde. Im Rahmen der gut besuchten Abschlussveranstaltung wurden der Öffentlichkeit und einer Experten-Jury die Projektergebnisse vorgestellt. Die besten Arbeiten mit der „Projekta 2018" prämiert. Der Preis für das „Innovativste Produkt" ging an zwei Projektteams für das gemeinsame Umweltprojekt

Abb. 3.11   Messestand auf der Cebit 2018. (Quelle: Wehnes 2018)

„PiPlaX". Die entwickelte Plattform und App bringt Produzenten und potenzielle Abnehmer von Kunststoffabfällen zusammen und vermeidet deren Verbrennung. Über alle Projekte wurde in der regionalen Presse ausführlich berichtet.

Besonders erfreulich ist, dass einige der Teams auch nach Abschluss des Semesters an ihren Produkten weiterarbeiten. Auch ein deutschlandweiter Einsatz wird geprüft. Die Produkte haben einen hohen sozialen Nutzen und fördern die Akzeptanz der Digitalisierung in der Gesellschaft.

3.5.4   Fazit

Bemerkenswert ist die lange Laufzeit (von inzwischen 19 Jahren) dieser Lehrveranstaltung, die sich immer wieder neu erfunden hat und bewährtes in Traditionen, wie die Projektiade, umsetzt. Theorie und Praxisprojekt sind miteinander verschränkt und die ganze Breite der Methodiken im Projektmanagement wird, in dieser sehr umfangreichen Veranstaltung (4 SWS und 10 ECTS), vermittelt.

Die Rahmenbedingungen dieses interdisziplinär besetzten Wahlfachs sind seitens Studierenden, als auch durch die Lehrkraft sehr gut: Mit einer vergleichsweise kleinen Gruppengröße zwischen 20 und 40 Master-Studierenden, die aus persönlicher Motivation für digitale Gründungsprojekte teilnehmen. Als auch durch Prof. Dr. Wehnes, der diese Veranstaltung langjährig und mit außerordentlichem Engagement als Honorarprofessor, immer nur im Sommersemester hält.

Die Einbindung eines Projekts in ein Umfeld von mehreren Hochschuleinrichtungen und externen Partnern erfordert viel Vorbereitung und Stakeholdermanagement durch den Dozenten. Es ist mutig einen Stand auf der Cebit zu mieten, ohne zu wissen, ob die Studierenden auch exzellente Ergebnisse produzieren werden. Ein Spirit, der sich über den Lehrenden auf seine Studierenden übertragen kann. Win-Win für alle Beteiligten und mit großer Nachhaltigkeit im Lerneffekt für die Studierenden.

3.6 Interdisziplinär!

3.6.1 Motivation des Konzeptes

Projektbasiertes Lernen wird an Hochschulen bereits seit den 1960er Jahren zur Vermittlung von Projektmanagementkompetenzen eingesetzt. In einigen technischen und gestalterischen Fachkulturen ist es fest etabliert. Als interdisziplinär durchgeführtes Angebot zählt projektbasiertes Lernen jedoch weiterhin zu den innovativen, modernen Lehrformaten, die einer weiteren Erprobung bedürfen.

An der Hochschule für angewandte Wissenschaften Coburg wurde interdisziplinäres, projektbasiertes Lernen seit 2012 in einem großangelegten Modellversuch in zunächst sieben, heute elf Bachelorstudiengänge aus vier Fakultäten integriert. Dies sind: Fakultät Angewandte Naturwissenschaften: Bioanalytik, Technische Physik; Fakultät Design: Architektur, Bauingenieurwesen, Innenarchitektur; Fakultät Soziale Arbeit und Gesundheit: Integrative Gesundheitsförderung, Internationale Soziale Arbeit und Entwicklung, Soziale Arbeit; Fakultät Wirtschaftswissenschaften: Betriebswirtschaft, Industriewirtschaft, Versicherungswirtschaft.

Die Studierenden bearbeiten in einem ein- bis zweisemestrigen Studienprojekt eine authentische Aufgabe, die eine fachübergreifende Zusammenarbeit erfordert. Begleitet werden sie dabei von Lehrenden, aus den für die Bearbeitung der Aufgabe maßgeblichen Fachdisziplinen. Bislang wurden 212 ein- bis zweisemestrige Projekte mit insgesamt 4017 Studierenden durchgeführt. Sie sind eingebettet in das vom Bundesministerium für Bildung und Forschung noch bis Ende 2020 geförderte Projekt „Der Coburger Weg" mit einem Gesamtbudget von 16,2 Mio. EUR. Ziele des Projekts sind die Verbesserung der Studienbedingungen und die Erhöhung der Studierfähigkeit. Konkret heißt das, dass:

- Studierende vom ersten Tag an zielgerichtet betreut und individuell gefördert werden, um einen gleitenden Übergang ins Studium zu ermöglichen.
- interdisziplinäre Lehrangebote in den Studienplänen verankert wird, um Schlüsselkompetenzen zu vermitteln sowie die Persönlichkeitsentwicklung, das Verantwortungsbewusstsein und die Handlungskompetenz zu fördern.

Umgesetzt wird dies in vier Säulen:

- **Säule COnzept** – Interdisziplinäres Studieren wurde in insgesamt vier Modulen im Lehrplan der am Projekt beteiligten Studiengänge verankert (24 ECTS). Einen Schwerpunkt bilden Praxisprojekte mit Partnern aus Wirtschaft, Technik und Soziales sowie der Einsatz neuer Lehr-/Lernformate.
- **Säule COQualifikation** – Individuelle Förderung wird umgesetzt mithilfe von Erstsemesterveranstaltungen („anCOmmen"), Erstsemester- und Fachtutoraten, Notenmonitoring, Beratungsangeboten, Schreiblabor.
- **Säule COInnovation** – Pro Semester werden 35.000 EUR Fördermittel für innovative Lehr-, Lern- und Prüfungsformate bereitgestellt. Studierende und Lehrende aller Bachelor- und Masterstudiengänge können sich mit ihren kreativen Projektideen bewerben.
- **Didaktik & Evaluation** – Die verschiedenen Angebote des Projekts werden evaluiert und hochschuldidaktisch unterstützt. Zusätzlich wissenschaftlich begleitet wird der Bereich durch das Institut für Erziehungswissenschaften der Universität Mainz.

Weitere Informationen unter: https://www.hs-coburg.de/ueber-uns/profil/qualitaetspakt-lehre/der-coburger-weg.html.

3.6.2 Vermittlung des Projektmanagements

Die interdisziplinären Studienprojekte sollen sich an den Abläufen professioneller Projektarbeit orientieren. Die Studierenden erhalten eine lösungsoffene Aufgabenstellung, die sie weitgehend selbstständig planen und bearbeiten. Häufig fungieren Unternehmen oder gemeinnützige Einrichtungen als „Auftraggeber", mit denen Ziele und Planung abgestimmt werden. Die Lehrenden agieren in der Regel als Coach oder als Projektleiter. Bis zu 15 Studierende nehmen an einem Studienprojekt teil, sodass Teilprojekte definiert und Teams koordiniert werden müssen. Zum Verlauf und Erfolg des Projekts werden eine Dokumentation und ein Abschlussbericht erstellt. Die Ergebnisse Ihrer Projekte präsentieren die Studierenden in einer hochschulöffentlichen Abschlusskonferenz, siehe Abb. 3.12, und in einem Sammelband werden alle Projekte jährlich zusammenfassend publiziert: https://www.studieren-in-coburg.de/category/publications/.

In welchem Umfang während der Studienprojekts Unterrichtseinheiten zu Projektmanagementwissen durchgeführt werden, entscheiden die jeweiligen Lehrenden, durchaus auch in Abhängigkeit von der eigenen Fachkultur. Zu Beginn

Abb. 3.12 Projektmesse. (Quelle: Enzmann 2018)

der Projekte erhalten die Studierenden in einer zentralen Auftaktveranstaltung lediglich einen Überblick zu Grundlagen des (klassischen) Projektmanagements.

3.6.3 Didaktischer Ansatz

Die interdisziplinären Studienprojekte des Coburger Wegs zielen nicht allein auf die Vermittlung von Projektmanagement. Sie finden bereits in der Studieneingangsphase im 2. und 3. Fachsemester statt und sollen auch zur Persönlichkeitsentwicklung und Fachintegration beitragen. Im Vordergrund stehen „interdisziplinäre Kompetenzen". Der Begriff umfasst Wissen und Fertigkeiten, die erforderlich sind, wenn eine Aufgabe in Zusammenarbeit mehrerer Fachdisziplinen bewältigt werden soll und eine integrierte, statt bloß additive Lösung angestrebt wird. In der interdisziplinären Aufgabenbearbeitung werden Methoden und Wissen verschiedener Fachgebiete verknüpft, um deren jeweilige Stärken zu nutzen. Die Disziplingrenzen an sich werden also weder aufgelöst noch infrage gestellt. Vielmehr erfahren die Studierenden in den interdisziplinären Projekten die Relevanz ihres Faches bei der Lösung der gemeinsamen Aufgabe. Die für projektbasiertes Lernen typische Erfahrung der Selbstwirksamkeit soll mit verstärkter Fachidentifikation einhergehen. Gleichzeitig lernen die Studierenden in den heterogenen Gruppen, eine Verständigungsbasis zwischen ihrer Fachsprache und der Alltagssprache herzustellen. Sie üben Perspektivwechsel, Ambiguitätstoleranz, Verhandlungstechniken und Konfliktbewältigung, Kommunikations- und Teamfähigkeit, mithin Schlüsselqualifikationen für den Umgang mit komplexen Aufgaben in Studium und Beruf.

3.6.4 Organisation

Die interdisziplinären Studienprojekte erfordern eine zentrale Organisation: Alle Studiengänge müssen auf Dauer gemeinsame Zeitfenster im Stundenplan der betreffenden Fachsemester bereitstellen, um eine fachübergreifende Zusammensetzung der Gruppen und die Betreuung durch Lehrende verschiedener Fachdisziplinen sicherzustellen. Der Dienstag hat sich mittlerweile als Projekttag etabliert. 80 % der Studienprojekte des Coburger Wegs können im Co-Teaching zweier Lehrender durchgeführt werden.

Die Studierenden der elf beteiligten Studiengänge können sich für mehrere Projekte bewerben und dabei Ihre Prioritäten angeben. Die Plätze werden anschließend so vergeben, dass möglichst viele Studierende an einem Projekt mit hoher Priorität teilnehmen können. Eine bleibende Herausforderung ist es, jedes Sommersemester über 40 Projekte anbieten zu können, die sich für eine interdisziplinäre Bearbeitung eignen. Sie sollten fachliche Anknüpfungspunkte für mehrere Studiengänge bieten und hinreichend komplex sein, um den Einsatz von Projektmanangementmethoden und eine intensive Auseinandersetzung mit der Aufgabe erforderlich zu machen.

3.6.5 Fazit

Der Coburger Modellversuch zeigt exemplarisch, wie interdisziplinäre Studienprojekte als reguläre Lehrveranstaltungen curricular verankert werden können. Prof. Dr. Birgit Enzmann, die das Projekt seit 2017 leitet, sagt:

> Erste Voraussetzung ist die Öffnung eines gemeinsamen Zeitfensters von mindestens vier SWS, in dem sich die Lehrenden und Studierenden der beteiligten Studiengänge begegnen können. Die Verortung im Wahlpflichtbereich der beteiligten Fächer und das Wahlverfahren mit Priorisierung stellen dann die fachübergreifende

Zusammensetzung der einzelnen Projekte sicher. Um auf die Projektarbeit Leistungspunkte vergeben zu können, müssen sich die Studiengänge zudem auf alternative Prüfungsformen wie Projektdokumentation und -bericht einigen. Die Lehrenden sind aufgefordert, sich nicht nur auf einen Rollenwechsel zum Coach, sondern auch auf das interdisziplinäre Co-Teaching einzulassen.

Eine 2016 veröffentlichte Zwischenbilanz zeigt auf, wie diese Hürden im Coburger Projekt schrittweise überwunden werden konnten: https://www.studieren-in-coburg.de/hochschule-coburg-hg-gute-aussichten-eine-zwischenbilanz-zum-projekt-der-coburger-weg/.

Die Projektverantwortlichen stehen nun in 2019 vor der Aufgabe, das Projekt in den Hochschulalltag zu überführen, da es im Dezember 2020 endet. So stehen jetzt Aktivitäten im Vordergrund, deren Ergebnisse nachhaltig weiter genutzt werden können. Ein Beispiel hierzu ist der Aufbau eines Projektmanagement-Moodle-Kurses, der von allen Lehrenden aller Fakultäten gemeinsam genutzt und weiterentwickelt werden kann. Aber auch die Sicherstellung der Organisation, die notwendig ist, um so viele Studierende und Lehrende fakultätsübergreifend zu koordinieren, ist eine große Herausforderung.

3.7 Die Lernfabrik für Ingenieure

3.7.1 Motivation des Konzeptes

Eine zeitgemäße Ausbildung von Produktionsingenieuren darf sich nicht auf die Vermittlung von Fachkenntnissen und fachbezogenen Fertigkeiten beschränken, sondern muss auch die Förderung von Selbst- und Sozialkompetenzen im Blick haben. Die zukünftigen Arbeitgeber der Bachelor-Absolventen erwarten diesbezüglich ein hohes Maß an sachbezogener Kommunikations- und Kooperationsfähigkeit, aber auch die grundlegende Fähigkeit, sich schnell in immer neue Themenfelder einarbeiten und betriebliche Probleme lösen zu können (Konegen-Grenier et al. 2011; Passow und Passow 2018). Diese Anforderungen gelten auch unter Berücksichtigung neuer fachlicher Herausforderungen wie der Digitalisierung der Arbeitswelt und Industrie 4.0 (Kirchherr et al. 2018).

Vor diesem Hintergrund wurde im Wintersemester 2011/2012 in der heutigen Fakultät für Technische Prozesse der Hochschule Heilbronn eine, auf dem Lernfabrik-Konzept (Abele 2016) basierende, innovative Lehr-Lern-Umgebung realisiert. Auf 570 m² zusammenhängender Fertigungsfläche und zusätzlichen 230 m² studentischen Arbeitsbereichen und PC-Räumen wird es den Studierenden ermöglicht, ein reales Start-up-Unternehmen in einem authentischen industriellen Umfeld vollständig nachzubilden. Mit dem Ziel der stufenweisen Kompetenzweiterentwicklung erfolgte die Positionierung der Lernfabrik-Veranstaltung didaktisch sinnvoll im 6. Semester und damit unmittelbar nach der Praxisphase des 7-semestrigen Curriculums des Studiengangs Produktion und Prozessmanagement (B.Eng.). Weitere Informationen finden sich unter: https://www. hs-heilbronn.de/lernfabrik.

3.7.2   Die Struktur der Lernfabrik

Die wesentlichen strukturellen Merkmale der Lernfabrik an der Hochschule Heilbronn sind:

- Problembasierter und projektorientierter Ansatz (aktivierende Veranstaltung)
- Einsemestrige, curriculare Pflichtveranstaltung für 20–30 Studierende im 6. Semester des Studiengangs Produktion und Prozessmanagement (B.Eng)
- Gewichtet mit 16 ECTS, damit rund 2,5 Tage Zeitaufwand pro Vorlesungswoche
- Projektlaufzeit 16 Wochen, im Laufe des Semesters sind sechs Studienleistungen zu erbringen; Notenvergabe auf Individual-, Fachteam- oder Gesamtgruppenebene
- Mit einem realen Produktionsunternehmen vergleichbare Aufgabenstellung, Komplexität und Eigendynamik; industrienahe Lernumgebung auf rund 800 m^2
- Jedes Semester erhält eine neue, einzigartige Aufgabenstellung
- Gewährung eines echten Projektbudgets
- Interdisziplinäre Betreuung durch 5–7 Dozierende, zusätzliche Laborbetreuer

Der Veranstaltungsablauf basiert auf einer standardisierten Zeitleiste und gestaltet sich wie folgt: Ausgehend von einer praxisorientierten, allerdings bewusst nur grob umrissenen, Entwicklungs- und Produktionsaufgabe (Abb. 3.13) müssen alle Studierenden des 6. Semesters einen kompletten Produktentstehungsprozess (PEP) mit anschließender Kleinserienfertigung projektorientiert und arbeitsteilig bewältigen. Die Aufgabenstellung wird dabei von den betreuenden Professoren/-innen jedes Semester neu konzipiert. Auf einer moderierten, externen Auftaktveranstaltung in Projektwoche 1 entscheiden sich die Studierenden für eine fachliche Ausrichtung wie bspw. Produktentwicklung, Fertigungsplanung oder Qualitätsmanagement. Dies führt dann zur Bildung von Teilprojektteams, deren

Abb. 3.13 Beispiel für eine Projektaufgabe mit Bild des finalen Produkts. (Quelle: Balve 2019)

kapazitiv sinnvolle Besetzung jedoch mit den Betreuern abgestimmt wird. Mit einer einzigen Ausnahme, bei der seitens des Projektmanagements ein reiner Scrum-Ansatz praktiziert wurde, gab es bislang immer ein dediziertes Projektmanagement-Team. Das Projektmanagement selbst hat sich in den letzten Jahren dabei immer stärker hin zu einem hybriden Ansatz entwickelt.

Bei der inhaltlichen und organisatorischen Ausgestaltung zur Lösung der Projektaufgabe in den folgenden dreieinhalb Monaten werden den Studierenden größtmögliche Freiheitsgrade gewährt. Seitens der Professorenschaft werden jedoch bestimmte Fixtermine vorgegeben, zu denen entweder Präsentationen zu halten oder bestimmte Studienleistungen abzugeben sind, siehe Abb. 3.14.

Abb. 3.14 Standardisierter Semesterablauf mit abzudeckenden Aufgabenfeldern. (Quelle: Balve 2019)

Projektaufgabe:

- Modell eines Katamaran-Segelboots mit elektrischem Hilfsantrieb
- Funktionalität: Antrieb und Kurssteuerung über zwei elektrisch angetriebene Schrauben; Kurs- und Geschwindigkeitsbeeinflussung über User-Interface auf dem Smartphone; wiederaufladbare Stromversorgung
- Realitätsnaher Eindruck, optisch und haptisch hohe Wertigkeit,
- L. ü. A. $\leq$220 mm, H. ü. A. $\leq$330 mm
- Bis zur 1. Zwischenpräsentation ist ein eigenes Kostenziel für die Kleinserienfertigung zu entwickeln
- Projektbudget für Verbrauchsmaterial: 2250 €
- Das Erreichen des Ziels obliegt in erster Linie Ihrer Selbstorganisation und Eigeninitiative

Unter inhaltlichen Gesichtspunkten sind insbesondere die zwei Zwischenpräsentationen wichtige Ankerpunkte im Projektverlauf. Bei der 1. Zwischenpräsentation kommt es vor allen Dingen darauf an, Lösungskonzepte und Prototypen so zu präsentieren, dass ein Dialog mit den Betreuern initiiert wird, an dessen Ende Entscheidungen für oder gegen bestimmte Alternativen gefällt werden. Der Zeitraum bis zur 2. Zwischenpräsentation dient dann der Konkretisierung in allen Teilprojektteams mit dem Ziel, am Ende von Projektwoche 10 den Design Freeze zu verabschieden. Erst jetzt können alle betrieblichen Dokumente (Zeichnungen, Stücklisten, Fertigungs- und Montagepläne, Prüfunterlagen usw.)

fertiggestellt werden, und die eigentliche Kleinserienfertigung mit typischen Stückzahlen von 30 bis 50 Einheiten kann beginnen.

Am Ende jedes Semesters findet eine öffentliche Abschlussveranstaltung statt, bei der Partner aus der Industrie sowie den Fachverbänden und auch Schulklassen eingeladen werden. Die Studierenden haben dann die Gelegenheit, das erarbeitete Produkt sowie den Weg dahin einem fachkundigen und interessierten Publikum zu präsentieren. Die motivationale Wirkung dieses Ereignisses kann erfahrungsgemäß nicht hoch genug eingeschätzt werden. Nicht zuletzt gelingt es durch das geforderte messeähnliche Konzept der Abschlussveranstaltung, die Präsentations- und Kommunikationskompetenzen der Studierenden auch außerhalb des klassischen, foliengestützten Vortrags weiterzuentwickeln.

Die Lernfabrik im Studiengang Produktion und Prozessmanagement steht mit ihrem Konzept einer projektorientierten Lehrveranstaltung nicht alleine dar. Besondere Merkmale sind jedoch der hohe zeitlich Aufwand für die Studierenden in Form von 16 ECTS, die reine Projektorganisation mit mehreren Teilprojektteams sowie das interdisziplinäre Betreuungsmodell, bei dem die Begleitung der Teams von Themenpaten im Sinne eines Coaching-Ansatzes übernommen wird. Hervorgehoben werden kann außerdem das für jeden erlebbare, hohe Aktivierungspotenzial – nicht zuletzt hervorgerufen durch die anspruchsvolle und praxisorientierte Aufgabenstellung – sowie die Tatsache, dass die Studierenden durch ihr gemeinsames Handeln ein reales, physisches Produkt in einer echten Kleinserie entstehen lassen.

3.7.3 Fazit

Durch den projektorientierten und problembasierten Ansatz (Frey 2012; Weber 2007; Kolmos und Graaff 2014) ist die Lernfabrik an der Hochschule Heilbronn in der Lage, das Erreichen der eingangs geschilderten Ausbildungsziele nachweislich zu fördern. Einer Absolventenbefragung zufolge werden insbesondere die folgenden fünf Kompetenzen deutlich weiterentwickelt und stehen für den Berufseinstieg zu Verfügung: Organisationsfähigkeit, Zeitmanagement, fachübergreifendes Denken, Zusammenhänge erkennen und Problemlösungsfähigkeit (Balve und Ebert 2018).

3.8   Outdoor – hier und jetzt erleben

3.8.1   Die Mission

An der Hochschule Augsburg sind Projektarbeiten fester Bestandteil in fast allen Studiengängen, sowohl als didaktische Methode zur Vermittlung von Fachkenntnissen im jeweiligen Fachgebiet, als auch zum Aufbau von professionellen PM-Kompetenzen. PM- Vorlesungen und Seminare zu verschiedenen Themenschwerpunkten werden angeboten und darüber hinaus gibt es zwei berufsbegleitenden Masterstudiengänge mit PM-Schwerpunkt. Die Hochschule legt mit ihrer Mission der „gefragten Persönlichkeiten" großen Wert auf die Persönlichkeitsentwicklung ihrer Studierenden (Hochschule Augsburg 2018). In der Fakultät für Informatik startet beispielsweise das viermonatige semesterbegleitende Projekt für alle Studierenden mit einem dreitägigen Kick-Off. Die Projekte werden vermehrt in einem Projekt-Coaching-Ansatz begleitet und enden mit einer großen Projekt-Messe zum Semesterabschluss, auf der rund zwanzig Projektarbeiten präsentiert und diskutiert werden. Stöhler, Förster und Brehm haben dies in einer ausführlichen Fallstudie in ihrem Buch „Projektmanagement lehren- Studentische Projekte erfolgreich konzipieren und durchführen" beschrieben, auf die an dieser Stelle verwiesen sei (2018).

3.8.2   Das Kick-Off Seminar

Initiiert und konzipiert wurde das Kick-Off-Seminar 2007 gemeinsam von Prof. Dr. Nik Klever, Studiendekan der Fakultät für Informatik, und Prof. Dr. Werner Michl, lange Jahre Leiter des „Zentrums für Hochschuldidaktik" und Experte für erlebnis- und handlungsorientiertes Lernen. Seither wird es kontinuierlich weiterentwickelt und in Form eines Camps im Bayerischen Wald gemeinsam mit erlebnistage e. V. durchgeführt (www.erlebnistage.de), siehe Abb. 3.15.

Das Camp folgt dem Gedanken von John Dewey, das Lernen nur dann effektiv sein kann, wenn das vermittelte abstrakte Wissen an konkrete individuelle Erfahrungen geknüpft wird. In einem Wechsel von Anstrengung und Entspannung, Kopf- und Handarbeit wirken unter Beteiligung von Emotionen alle Sinne im Lernprozess zusammen. Von konkreten Situationen ausgehend (handlungsorientierte Übungen), ist im zweiten Schritt ein allgemeines Prinzip abzuleiten und zu erklären (induktives Vorgehen).

Informatik / Projekte / Semesterprojekte

Studentische Semesterprojekte

Die **Semesterprojekte** sind ein fester Bestandteil der Studienpläne in allen Informatik-Studiengängen, sowohl in den Bachelor- als auch in den Masterprogrammen. Jeder Informatik-Student nimmt während seines Studiums an mindestens einer Projektarbeit teil. Neben der **praktischen Anwendung** des bisher erworbenen theoretischen Wissens, liegt der Fokus bei den Projekten auf dem **Arbeiten im Team**. 6-10 Studierende bearbeiten unter der Leitung eines Professors ein Semester lang gemeinsam eine Aufgabenstellung.

Zum **Projekt-Kick-Off**, vor Beginn der fachlichen Arbeit, besuchen die Studierenden, wie dies auch in der Industrie vielfach üblich ist, ein Softskill-Seminar, in welchem die Grundlagen zu Teamarbeit, Kommunikation und Projektmanagement vermittelt werden.

Foto: Thorsten Schöler

Die Projektergebnisse werden jeweils zu Semesterende im Rahmen unserer Projektmesse, dem **Projekttag der Fakultät Informatik** öffentlich präsentiert.

Foto: Traudl Matzke

Abb. 3.15 Projekt Kick-Off HS Augsburg https://www.hs-augsburg.de/Informatik/Studentische-Semesterprojekte.html

Im Sommersemester findet das Kick-Off Mitte März, vor Beginn der Vorlesungszeit, statt. So können sich die achtköpfigen Projektgruppen beim gemeinsamen Durchlauf des Programms kennenlernen und somit eine Basis für ihre Zusammenarbeit legen. Die Veranstaltung ist für die Studierenden kostenfrei und verpflichtend. Für die Teilnahme erhalten sie ein Zertifikat, welches sie häufig für Bewerbungen einsetzen. Dies zeigt den Stellenwert, den die Studierenden dieser Veranstaltung zumessen. Das Camp wird von erfahrenen Erlebnispädagogen und Master-Studierenden der Erlebnispädagogik durchgeführt, Professoren und Dozenten der Hochschule Augsburg begleiten.

Das Camp hat feste Regeln und fordert diese auch ein, so gibt es Küchendienste, Alkohol nur nach Feierabend und keine nächtlichen Besuche in den unverschlossenen Gemeinschaftsschlafräumen. Pünktliches Erscheinen, auch zu den gemeinsam eingenommenen Mahlzeiten, sind Teil der Disziplin. Manche Studierende stellt es vor die Herausforderung einige Tage ohne Handy und Internet verbringen zu müssen. Die Abgeschiedenheit der Hütte im Bayerischen Wald, schafft Zeit und Raum sich auf die Themen des Seminars und die Personen im eigenen Team und Semester einzulassen. Outdoor – hier und jetzt erleben.

Abb. 3.16 zeigt die Struktur der Veranstaltung, die in kleineren Gruppen in Workshops durchlaufen werden. Inhalte der handlungsorientierten Veranstaltung sind: Zielfindung, Rollen im Team, Teamentwicklung und Umgang mit Konflikten, Kommunikation mit Moderation und Präsentation, sowie Planung und Durchführung eines Projekts. Somit werden Grundlagen für eine erfolgreiche Teamarbeit sowohl in der Theorie vermittelt, als auch durch eine Vielzahl an praktischen Übungen unmittelbar erfahrbar gemacht. Abb. 3.17 zeigt ein Beispiel, bei dem alle Teammitglieder ein Seil überqueren müssen, ohne es zu berühren. Einige sind blind und daher im besonderen Maß auf die Hilfe der anderen angewiesen.

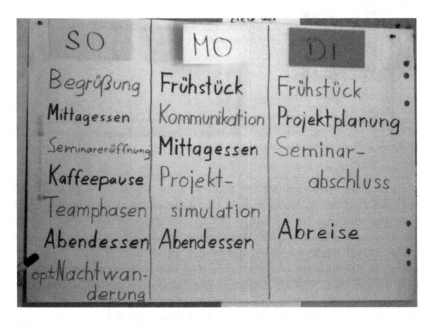

Abb. 3.16 Struktur des Camps. (Quelle: Stöhler 2016, S. 57)

Abb. 3.17 Teamübung Seilüberquerung. (Quelle: Stöhler et al. 2018, S. 226)

Die „Projektsimulation" ist eine praktische Aufgabe, die im Team innerhalb von sechs Stunden bewältigt werden muss. Die Zusammenarbeit wird somit geübt und die bisher im Seminar erworbenen Kenntnisse sollten Anwendung finden. Das Team baut beispielsweise eine Brücke über einen Bach oder eine Murmelbahn über mehrere Stockwerke im Treppenhaus des Gebäudes. Die gestellten Aufgaben variieren und hängen auch von den Wetterbedingungen ab. Die Betreuer im Camp beobachten dabei genau, welche Prozesse im Team ablaufen, wie es plant, kommuniziert und welche Rollen die Einzelnen einnehmen. Der Verlauf und ihre Beobachtungen werden dokumentiert und nach der abschließenden Reflexion diskutiert. Dies ist für viele Studierende die erste professionelle Reflexionserfahrung und hat oft großen Nachhall. Die Master-Studierenden von erlebnistage e. V. haben ihrerseits durch die rund 60 Teilnehmer im Camp viele „Studienobjekte" und die Möglichkeit Erfahrungen in ihrem Berufsfeld zu sammeln. Sie werden im Camp von den Profis angeleitet und betreut.

Alle Abläufe eines realen Projekts werden durch die Simulation erlebt und es lassen sich viele Rückschlüsse ziehen. Kombiniert mit einer Team-Analyse mittels Teamrollentest (z. B. nach Belbin) können die Rollen im Team systematisch besetzt (z. B. Projektleitung) und für das Team geeignete Vorgehensweisen gewählt werden. Regeln der Zusammenarbeit, zur Koordination und Kommunikation für die Projektarbeit können auf das Team abgestimmt werden, sodass nun eine Basis für eine effiziente und effektive Projektleistung durch konzentrierte Teamarbeit vorhanden ist.

Im Block „Projektplanung" erstellen die Teams eine erste Planung ihres Projekts. Hierfür kann ein Projekt-Canvas eingesetzt werden (z. B. www.overthefence.com), um das Ziel und die Vorgehensweise zu beschreiben, Rahmenbedingungen abzuklären und sich der Chancen und Risiken ihrer Aufgabe bewusst zu werden. Abschließend nehmen sie einen Projektstrukturplan mit Arbeitspaketen und Zuständigkeiten sowie einen ersten Projektplan in Form eines zeitlichen Gantt-Diagramms mit nach Hause.

3.8.3 Fazit

Im Verlauf des Semesterprojekts können die Projekt-Betreuer der Hochschule immer wieder auf die Erfahrungen und Erkenntnisse des Kick-Offs hinweisen, um das Team zu selbstständigen Problemlösungsmöglichkeiten zu leiten. Am wertvollsten ist es sicher für die Studierenden selbst, die oft persönliche Weiterentwicklungen aus der Veranstaltung ziehen und in ihr Projekt einbringen. Das Gesamtkonzept ist förderlich für die Zusammenarbeit in der Fakultät, denn alle Professoren, Mitarbeiter und Dozenten sind mit ihren Projektgruppen involviert. Dies ist eine ungewöhnliche Konstellation, im sonst eher individuellem Hochschulalltag. Insgesamt unterstützt das Gesamtkonzept, der Projektarbeit an der Fakultät Informatik, in vorbildlicher Weise die Mission der Hochschule zur Ausbildung gefragter Persönlichkeiten für die Region (Stöhler 2018).

Was Sie aus diesem *Essential* mitnehmen können

- Ein Gesamtverständnis zur Verbreitung vom Projektmanagement an deutschen Hochschulen
- Eine prägnante Anleitung zur systematischen Konzeption der eigenen Lehrveranstaltung
- Beschriebene Kompetenzen in Projektmanagement im heutigen digitalen Umfeld
- Quellen für weiterführende Informationen, Literatur und Kontakte
- Impulse und Motivation durch viele moderne Praxisbeispiele an Hochschulen
- Sie werden fit für State of the Art Projektmanagement-Lehre

© Springer Fachmedien Wiesbaden GmbH, ein Teil von Springer Nature 2019   73
C. Stöhler, *Fit für das Projektmanagement,* essentials,
https://doi.org/10.1007/978-3-658-26250-1

Literatur

Abele, E. (2016). Learning factory. In The International Academy for Production, L. Laperrière, & G. Reinhart (Hrsg.), *CIRP encyclopedia of production engineering*. Berlin: Springer. https://doi.org/10.1007/978-3-642-35950-7_16828-1. Zugegriffen: 6. Dez. 2018.

Akkreditierungsrat. (2017). Regeln für die Akkreditierung von Studiengängen und für die Systemakkreditierung. http://www.akkreditierungsrat.de/fileadmin/Seiteninhalte/AR/Beschluesse/AR_Regeln_Studiengaenge_aktuell.pdf. Zugegriffen: 2. Jan. 2019.

Balve, P., & Ebert, L. (2018). Kompetenzentwicklung im Bachelorstudium. Mit Lernprojekten gegen den Praxisschock. Heilbronn-Sontheim. Symposium für Didaktik des ZfSL, 18. April 2018.

Blendlee. (2018). http://blendlee.com/. Zugegriffen: 6. Dez. 2018.

Borchard. (2012). Lernziele. https://www.uni-kassel.de/einrichtungen/fileadmin/datas/einrichtungen/scl/LLukas/Lernziele.pdf. Zugegriffen: 6. Dez. 2018.

Dechange, A., Kiznyte, J., & Welker, M. (2016). A new approach on blended learning design: The case of 'blendlee', S. 27–37. DortmundInternationResearchConference2016_Proceedings_PDF_v05.

Destati Statistisches Bundesamt. (2018). https://www.destatis.de/DE/ZahlenFakten/Indikatoren/LangeReihen/Bildung/lrbil01.html. Zugegriffen: 14. Jan. 2019.

Feldmüller, D., & Rieke, T. (2018). Auswirkungen der Digitalisierung auf das Projektmanagement – Studie 2018 in Zusammenarbeit mit der GPM Deutsche Gesellschaft für Projektmanagement e. V., erscheint 2019.

Frey, K. (2012). *Die Projektmethode. Der Weg zum bildenden Tun* (12., neu ausgestattete Aufl.). Weinheim: Beltz.

Fürstenau, B. (2009). Planspiel und Simulation. In K-H. Arnold, U. Sandfuchs, & J. Wiechmann (Hrsg.), *Handbuch Unterricht* (S. 240–243). Bad Heilbrunn: Klinkhardt.

Garrison, D., & Vaughan, N. D. (2008). *Blended learning in higher education: Frame-work, principles, and guidelines*. San Francisco: Jossey-Bass.

GPM Deutsche Gesellschaft für Projektmanagement e. V., Studie. (2015). Makroökonomische Vermessung der Projekttätigkeit in Deutschland.

Graham, C. R. (2006). Blended learning systems: Definition, and future-directions. In C. J. Graham & C. R. Bonk (Hrsg.), *Handbook of blended learning: Global Perspectives, local designs*. San Francisco: Pfeiffer Publishing.

Hachmeister, C. (2017). Die Vielfalt der Studiengänge- Entwicklung des Studienangebotes in Deutschland zwischen 2014 und 2017, CHE gemeinnütziges Centrum für Hochschulentwicklung, Gütersloh.

Hattie, J., (2009). Visible learning: A synthesis of over 800 meta-analyses relating to achievement. London: Routledge.

Heublein, U. u. A. (2017). Zwischen Studienerwartungen und Studienwirklichkeit, Studie des Deutsches Zentrum für Hochschul- und Wissenschaftsforschung.

Hochschule Augsburg. (2018). https://www.hs-augsburg.de/gP-gefragte-Persoenlichkeiten.html. Zugegriffen: 30. Mai 2018.

ICB Individual Competence Baseline. (2017). Schriften der IPMA (1. Aktualisierte Aufl.).

IPMA International Project Management Association. (2014). OCB Organisational Competence Baseline, Version 1.0, Deutsche Fassung, Nürnberg.

Junge, H. (2009). Projektstudium zur Förderung beruflicher Handlungskompetenzen in der Ingenieurausbildung, Dissertation, Universität Dortmund.

Kim, J. H. (2014). Types of blended instruction: Different approaches to different mixes. http://www.aect.org/pdf/proceedings13/2013i/13_21.pdf. Zugegriffen: 2. Jan. 2019.

Kirchherr, J., Klier, J., Lehmann-Brauns, C., & Winde, M. (2018). Future Skills: Welche Kompetenzen in Deutschland fehlen. https://www.stifterverband.org/download/file/fid/6360. Zugegriffen: 6. Dez. 2018.

Kolmos, A., & Graaff, E.d. (2014). Problem-based and project-based learning in engineering education. Merging models. In A. Johri & B. M. Olds (Hrsg.), *Cambridge handbook of engineering education research* (S. 141–160). New York: Cambridge University Press.

Konegen-Grenier, C., Placke, B., & Stettes, O. (2011). Bewertung der Kompetenzen von Bachelorabsolventen und personalwirtschaftliche Konsequenzen der Unternehmen. Hrsg. v. Institut der deutschen Wirtschaft e. V. Köln (IW-Trends). https://www.iwkoeln.de/fileadmin/publikationen/2011/53447/trends03_11_5.pdf. Zugegriffen: 6. Dez. 2018.

KMK Kultusminister Konferenz. (2017). Qualifikationsrahmen für deutsche Hochschulabschlüsse https://www.kmk.org. Zugegriffen: 11. Febr. 2019.

Kriz, W. C., Saam, N., Pichlbauer, M., & Fröhlich, W. (2007). Intervention mit Planspielen als Großgruppenmethode – Ergebnisse einer Interviewstudie. In W. C. Kriz (Hrsg.), *Planspiele für die Organisationsentwicklung. Schriftenreihe: Wandel und Kontinuität in Organisationen* (Bd. 8, S. 103–122). Berlin: Wissenschaftlicher Verlag.

Marx, S. (2017). Project management practice in interreg projects – Reflective analysis and recommendations. In M. von Klotz (Hrsg.), SIMAT Arbeitspapiere. Hochschule Stralsund, Stralsund, SIMAT Stralsund Information Management Team (SIMAT AP, 9, 31).

Marx, S. (2018). Knowledge management in interreg cross-border cooperation – A project perspective. In M. von Klotz (Hrsg.), SIMAT Arbeitspapiere. Hochschule Stralsund, Stralsund, SIMAT Stralsund Information Management Team (SIMAT AP, 10, 32).

McKinsey Quarterly. (Hrsg.). (2016). Digital strategy: The economics of disruption, Number 2. https://www.mckinsey.com/quarterly/the-magazine/2016-issue-2-mckinsey-quarterly. Zugegriffen: 2. Jan. 2019.

Meyer, M. (2017). *Mit Projekten Lernen*. Hochschule Bremen: Wirtschaftswissenschaften.

Müller-Benedict, V., & Tsarouha, E. (2011). Können Examensnoten verglichen werden? *Zeitschrift für Soziologie, 40*(5/10), 388–409.

Passow, H. J., & Passow, C. H. (2017). What competencies should undergraduate enginee-ring programs emphasize? A systematic review. *Journal of English Education, 106*(3), 475–526. https://doi.org/10.1002/jee.20171.

PMI. (2018). Job growth and talent gap. 2017–2027 http://www.pmi.org/-/media/pmi/docu-ments/public/pdf/learning/job-growth-report.pdf. Zugegriffen: 14. Sept. 2018.

Projektwelten. (2017). http://projektwelten.projectplant.de/2017/01/31/wie-digital-nati-ves-das-projektmanagement-veraendern-werden/. Zugegriffen: 14. Sept. 2018.

Reis, O., & Ruschin, S. (2007). Kompetenzorientiertes Prüfen als zentrales Element gelungener Modularisierung. *Journal Hochschuldidaktik, 18,* 6–9.

Riedl, A. (2011). *Didaktik der beruflichen Bildung.* Stuttgart: Steiner.

Schaper, N., & Hilkenmeier, F. unter Mitwirkung von Bender, E. (2013). Umsetzungshilfen für kompetenzorientiertes Prüfen. https://www.hrk-nexus.de/fileadmin/redaktion/hrk-nexus/07-Downloads/07-03-Material/zusatzgutachten.pdf. Zugegriffen: 13. Sept. 2018.

Staufenbiel Institut. (2016). Studie Jobtrends 2016. https://www.staufenbiel.de/magazin/studium/wie-wichtig-der-ruf-der-hochschule-ist.html. Zugegriffen: 11. Febr. 2019.

Staufenbiel Institut und Kienbaum. (2017). Studie Jobtrends 2017. https://www.staufenbiel.de/magazin/jobsuche/jobtrends-was-berufseinsteiger-wissen-muessen.html. Zugegriffen: 11. Feb. 2019.

Statistika Studienalter. (2018). https://de.statista.com/statistik/daten/studie/189237/umfrage/durchschnittsalter-von-hochschulabsolventen-in-deutschland/. Zugegriffen: 13. Sept. 2018.

Statistika Promotion. (2018). https://www.destatis.de/DE/ZahlenFakten/GesellschaftS-taat/BildungForschungKultur/Hochschulen/Tabellen/PromotionenBundeslaender.html. Zugegriffen: 13. Sept. 2018.

Stein, J., & Graham, C. (2014). *Essentials for blended learning: A standards-based guide.* New York: Taylor & Francis Ltd.

Sutherland, J., & Schwaber, K. (2017). The scrum guide – The definitive guide to scrum: The rules of the game.

Stöhler C. (2018). Vermittlung von Projektmanagement-Kompetenzen im Studium. *erle-ben&lernen, Internationale Zeitschrift für handlungsorientiertes Lernen, 2018*(3/4), 50–53.

Stöhler, C., Förster, C., & Brehm, L. (2018). *Projektmanagement lehren – Studentische Projekte erfolgreich konzipieren und durchführen.* Wiesbaden: Springer Gabler.

Stöhler C. (2017). Wie reagieren Hochschulen auf die Nachfrage von Absolventen mit Projektmanagement-Kompetenzen? *Die neue Hochschule (DNH), Fachzeitung des Berufsverbands der Professorinnen und Professoren an deutschen Fachhochschulen, 2017*(6), 22–25.

Stöhler, C. (2016). *Projektmanagement im Studium -vom Projektauftrag bis zur Abschluss-präsentation* (2. Aufl). Wiesbaden: Springer Gabler.

Timinger, H. (2017). *Modernes Projektmanagement – Mit traditionellem, agilen und hybri-den Vorgehen zum Erfolg.* Weinheim: Wiley.

Thomas, J., & Mengel, T. (2008). Preparing project managers to deal with complexity – Advanced project management education. *International Journal of Project Manage-ment, 26*(3), 304–315.

University of Limerick. (2018). Masters in project & programme management. https://www.ul.ie/masters-project-and-programme-management. Zugegriffen: 8. Nov. 2018.

Weber, A. (2007). *Problem-Based Learning. Ein Handbuch für die Ausbildung auf der Sekundarstufe II und der Tertiärstufe* (2. Aufl). Bern: Hep-Verlag.

Weßels, D., (2014). Der ››X-Shaped‹‹-Projektmanager für vernetzte Organisationen. In Zukunft der Wissens- und Projektarbeit: Neue Organisationsformen in vernetzten Welten. Symposion Publishing, Düsseldorf, S. 66–94.

Printed in the United States
By Bookmasters